跨越3个世纪震撼全球教育的育子经典

倾情解读
蒙台梭利早教精髓

吕巧玲 编著

嘿!
我是早教书

中国财富出版社

图书在版编目（CIP）数据

倾情解读蒙台梭利早教精髓 / 吕巧玲编著. — 北京:中国财富出版社, 2017.6
（嘿！我是早教书）
ISBN 978-7-5047-6523-9

Ⅰ.①倾… Ⅱ.①吕… Ⅲ.①儿童教育—早期教育 Ⅳ.①G61

中国版本图书馆CIP数据核字（2017）第144550号

| 策划编辑 | 刘　晗 | 责任编辑 | 张冬梅　郑晓雯 | | |
| 责任印制 | 梁　凡 | 责任校对 | 孙会香　卓闪闪 | 责任发行 | 董　倩 |

出版发行	中国财富出版社		
社　　址	北京市丰台区南四环西路188号5区20楼	邮政编码	100070
电　　话	010-52227588转2048/2028（发行部）010-52227588转321（总编室）		
	010-68589540（读者服务部）　　010-52227588转305（质检部）		
网　　址	http://www.cfpress.com.cn		
经　　销	新华书店		
印　　刷	北京竹曦印务有限公司		
书　　号	ISBN 978-7-5047-6523-9/G·0687		
开　　本	710mm×1000mm　1/16	版　次	2018年4月第1版
印　　张	15.75	印　次	2018年4月第1次印刷
字　　数	336千字	定　价	39.80元

写在前面的话

可怜天下父母心，在培养孩子上父母都是不遗余力地使出浑身解数，目的只有一个，那就是让孩子成为有用之才。是的，孩子是父母最大的寄托。

在教育孩子上，方法有很多，但是哪一种方法更为有效呢？

研究证明，孩子接受教育越早越好，甚至早到孩子出生之前。于是，早教成了爸爸妈妈们必须温习和钻研的"功课"。

现在，早教已经被爸爸妈妈们所认可。许多父母都能如数家珍地说出蒙台梭利、斯宾塞、卡尔·威特等一大串儿权威的教育家的名字。

在这个领域，国外的早教经验比较丰富，开展得也较早，形成许多权威性的理论。但是在引进这些外国经验时出现了一些争议，有的认为必须全盘接受，有的认为西方的经验不适合中国国情，有的认为可以借鉴，不一而足。无论哪一种观点，都是出于对孩子的负责任，目的是让孩子能接受最适合的早期教育。

纵观当前许多流行的早教书，大多是国外名家的著述，鲜有详尽解读其精髓、按照本土的阅读习惯而精心编排的。由于国外著作理论性强，有些理论交叉在不同的章节中，大家在阅读学习时，显得既费时又费力，还很难懂。

正因为如此，我们才决定下大力气去研读国外的各种早教著述，找出更适合中国父母的早教方法。由于东西方文化的差异、历史成因的不同，在思想上和方法上也有着一定的不同。但是，总体上来说，基本规律还是相同的，那就是孩子身上所表现出来的特征差异不大。应该本着去粗取精、洋为中用的原则，根据是否适合本土的教育环境来取舍。这就是"嘿！我是早教书"系列图书出版的初衷。

我国家教作家吕巧玲、宋璐璐应邀担纲了本套丛书的编撰工作，她们以实际育儿经验和长期研读诸多家教典籍的心得，精心创作出"嘿！我是早教书"系列解读精髓本，呈献给广大读者。其特点是本土化、可读性强、突出重点，围绕孩子身上所出现的种种问题，进行详尽的解读、支招，理论和实践紧密结合，情节生动，说理性强。

本套丛书的最大特点是适合现代父母阅读，在孩子身上所出现的很多问题在这里都有解释。有精彩的案例，有详尽的理论解读，有具体的实施措施，通过这一环扣一环的解读，既点出了名家教育的精髓，又结合了本土实际情况进行逐一答疑，使您做父母更为轻松，在家里就能调教出一个聪明无比的小天才。

一书在手，尽享名家教育精髓。若广大读者在研读本套丛书的过程中能得到启发，将是我们最大的欣慰。

开卷一定有益！

自由大于天

孩子需要管教还是引导？这个问题不仅是理念之争，还是责任与道德的碰撞。爱孩子是每一对父母自然的情感流露，他们的出发点都是为了孩子更好地成长。但是，不同的父母对孩子的教育所采取的方法也是不同的。于是，就会有许多版本的育儿经。我个人认为，爱孩子就应该给他自由，让他进行自我教育，父母做欣赏者和引导者，远比做专制者要好。这是我在通读了蒙台梭利的系列著作后得出的感悟，它深深地感动和影响了我。

蒙台梭利是一位伟大的教育家，一个合格的母亲。她以母爱的天性、执着的精神，为新手爸妈提供了一整套的早教方法，令人十分钦佩。目前，蒙氏教育法风靡全球，教育机构遍地开花，使无数孩子受益。我之所以把解读蒙台梭利放在首位，就是因为她"给孩子自由"的理念令我怦然心动。

蒙台梭利教育理念越来越赢得人们的认可，她所主张的自由不等于放纵，而是在科学的前提下对儿童进行科学化、人性化的培养。解读蒙台梭利不是一件容易的事情，作为伟大的教育家，她一生有很多著作，这些著作理论性比较强，有些理论在各种著作中交叉出现，一般读者很难理顺，所以读起来显得生涩难懂。同时，由于东西方的生活习俗、伦理道德的差别，还有时代的局限性，有些理念或方法不太适合今天的东方家庭亲子教育。特别是在激烈竞争的当今社会，许多新手爸妈都很忙，尽管比较认可蒙台梭利的教育理念，但是很难有更多的时间和精力去"啃"，去寻找出自己需要的方法。基于此，才有了本书的问世，目的就是让更多的爸妈系统、有条理地在第一时间，既能了解蒙台梭利的教育理念，又能找到自己所需要的解决方案。

本书最大的特点是将蒙台梭利教育理念的精髓，植入到现代早教教程中，尽量做到深入浅出，通俗易懂，适合现代爸妈阅读。书中有很多的案例、解析、支招，层次清晰，易于理解。通过这一环扣一环的解读，在家中也能体验到蒙氏教育的精髓，调教出一个聪明无比的小天才。可以说，每一个问题，都能在十几分钟内得到解决，做起爸妈来会更轻松。

在教育孩子上，每一个家庭都不惜代价，想让自己的小宝贝赢在起跑线上。可是，许多人都忽略了孩子本身的自我学习和自我教育的能力。蒙台梭利就发现了这一点，这正是蒙氏教育大受欢迎的地方，给我们带来一片新的天地。

人与人之间是平等的，大人与孩子之间同样如此。可是在现实生活当中，不平等始终存在着。爸妈把孩子当成私有财产，觉得管教孩子是天经地义的事情，而孩子只要反对，就是不听话，就不是好孩子。至于他们按照自己的意愿做事，就是执拗，就是危险的苗头，爸妈赶紧如临大敌般地对"小树"进行剪枝，以免影响到参天巨树的长成。

每一个孩子都是不同的，在他们身上所出现的问题也不尽相同。如有的孩子执拗，有的孩子胆怯，有的孩子爱出风头，有的孩子喜欢独自做事。他们为什么会有这些毛病或是问题？其实，根源还出在爸妈的身上。他们的这些所谓的"毛病"，原本就是发育成长过程中必须经历的，是孩子的"成长剂"，爸妈用成人的眼光和成人世界的标准来衡量孩子，结果肯定大不一样，冲突也会在所难免。

蒙台梭利给我们带来了一个不同的儿童世界，在这个世界里，儿童是主角，爸妈只是欣赏者和引导者，在平等的交流下，孩子很快乐，爸妈很舒心。这不是理想的童话，而是现实版的家庭教育。

走进蒙氏教育天地，一切都是明朗的、阳光的。把蒙氏教育带回家，就能做好父母，培养出一个优秀的好孩子。

这不仅仅是我的初衷，也是天下所有的父母所期望的。

吕巧玲
2018年1月于北京

第一章

环境，宝宝成长的第一营养素 / 001

　　婴幼儿的气质及智力发育与其生活的环境有着极大的关系。蒙台梭利认为教育所要求的第一件事，就是为孩子提供一个能够发挥大自然力量的环境。在充满爱与自由的和谐环境中，孩子才会自然而然地健康成长。

倾情解读蒙台梭利早教精髓

第三章

生活细节，让宝宝在
日常生活中学会自我管理 / 055

日常生活练习是蒙台梭利教育的起点。通过观察，她发现儿童能够长时间将注意力集中在自己穿衣、清洁、整理物品等事情上，这是儿童为建构自己，能更好地适应生活的本性。蒙台梭利认为生活即教育，让儿童自己独立打理日常生活，不仅能让他们体会成功与快乐，还能让他们在自我服务中学会自我管理，变得更独立、更自信。

倾情解读蒙台梭利早教精髓

第五章

感官教育，开启宝宝智力门户 / 117

　　对于小宝宝而言，感官不仅是他们自然生理发展的一部分，更是接触和认识世界的第一个通道，心灵可以凭借感官经验变得极其灵动。蒙台梭利说："感官是心灵的窗户，是用来理解、领悟外界各种形象，感受外界事物刺激的器官，它对大脑思维必不可少。"

第一章

环境，宝宝成长的第一营养素

婴幼儿的气质及智力发育与其生活的环境有着极大的关系。蒙台梭利认为教育所要求的第一件事，就是为孩子提供一个能够发挥大自然力量的环境。在充满爱与自由的和谐环境中，孩子才会自然而然地健康成长。

给孩子创造一个适宜的环境

儿童只有在一个不受约束的环境，即一个与他年龄相适应的环境中，心理才会自然而然发展并成熟。这种环境充满着爱的温暖，有着丰富的营养，这个环境里的一切都乐于接纳他，而不是伤害他。

——蒙台梭利

阅读时间：<u>25</u>分钟　　受益指数：★★★★★

宁静与温暖，生命之初的特别关爱

刚出生的小宝宝还不能适应阳光、噪声和陌生人的亲昵。此时此刻，他最需要的是一个和子宫里一样宁静而温暖的环境。

故事的天空

婴儿室里，刚出生两天的小宝宝安静地躺在小床上，他已经睡醒。窗外，金色的阳光强烈而刺眼，室内，厚厚的窗帘使宝宝感受着温暖而宁静的生活。

这时，门被推开，一帮人大呼小叫着拥了进来。这是妈妈的同事，他们探望初涉人间的"小天使"来了！盛情难却，妈妈只好把大家引进宝宝的房间。一位年轻的女同事说这房间太暗了，"哗"的一声把厚厚的窗帘拉开，房间顿时明亮起来，耀眼的阳光直射在宝宝的脸上，小家伙紧紧闭住眼睛，表情有些痛苦。一群人围在孩子四周兴高采烈地品评着。这时，一位长发姑娘端详着胖嘟嘟的小婴儿，忍不住俯下身子，轻吻着小家伙娇嫩的脸蛋。呼出的热气令宝宝很是不舒服，垂下的长发散落在他的脸上，小家伙咧开嘴用嗷嗷大哭拒绝着这份亲昵。

妈妈慌了，赶紧手忙脚乱地把宝宝抱起来，宝宝的哭声更加响亮，即便妈妈已经及时给宝宝喂奶，仍旧止不住他的大声啼哭。宝宝这是怎么啦？难道对妈妈也不满意了？

吕姐爱心课堂

在我们的现实生活中，当小宝宝一降生，众多亲朋好友便迫不及待地轮番前去探望。大家都觉得，刚刚经过痛苦分娩的母亲需要休息静养，而可爱的"小天使"却是人人都可以亲近的。真的是这样吗？

其实，刚出生的小宝宝并不喜欢有人随意打扰，他的第一声响亮啼哭不是自豪地向人们宣布"我来了"，而是不满宁静的生活被打破。他从来就没有想到自己会有一天被赶出温暖的子宫，来到这个嘈杂的世界。同时，他也是恐惧的。刚刚从狭窄的产道被挤出，此时此刻，他最渴望的就是安静地喘息，最想得到的就是如同子宫里一样温暖而安逸的生活环境。

"分娩"对于母亲而言，是痛苦和疲乏的；而"诞生"对于宝宝来说，同样经历了剧烈的冲突和磨难。除了身体上的筋疲力尽，他还要面对这个与子宫完全不同的陌生环境，所以当经历了出生的考验以及随之而来的各种能力苏醒之后，宝宝需要安静地独处一段时间，即与群体分离。这段时间宝宝的身体需要得到充分的休息，同时，也是为适应新的环境热身。在自然界里，各种哺乳动物都有藏匿新生幼崽的行为，目的就是利用这个缓冲期，让幼崽能够适应新的环境，为今后的群体生活做准备。

蒙台梭利说："环境对刚出生的婴儿来说，是最重要的影响因素。一个人如果在婴儿阶段受到不良影响，将会阻碍他一生的发展。"她认为，新生儿之所以大部分时间都在睡觉，其实这是生命的一种保护性措施，以避免经受过于强烈的刺激。从静谧幽暗的液体世界来到这个充满光明与欢声笑语的人世间，宝宝的身体机制需要一个过渡。也就是说，小家伙从心理上不愿意被打扰，生理上还不能立刻适应外面这个明亮、纷扰的世界。

蒙氏支招DIY[1]

当宝宝降临人世间，面对环境突变，他一时还难以适应。所以，在宝宝刚刚出生的前几天，父母一定要尽自己所能，给他提供一个与

①DIY是英文Do It Yourself 的缩写，直译为"己为之"，扩展开的意思为自己动手做。

母体类似的生活环境，以使他有一个逐渐适应的过程，慢慢帮他过渡到新环境。

●**给宝宝自由，更有利于他的发育**。如果室内温度允许，最好让宝宝裸露皮肤躺在温暖柔软的小床上，使他在子宫里的自由活动得以延续。即使给宝宝穿上衣服，也要宽松柔软，不妨碍他自由地伸展肢体。需要包裹时，应将宝宝的两只小胳膊放在外面，从腋下包住身体，但不要太紧，使两条小腿儿处于自然放松状态就可以了。

●**温暖、安静的家居环境**。刚出生的小宝宝喜欢身体暖暖的感觉，这和他们在妈妈肚子里的感觉一样舒服，因此，宝宝房间的温度要温暖舒适。室内光线应幽暗些，不要过于明亮。对于那些令人烦恼的噪声，最好让其远离宝宝，让宝宝待在听不到街道上嘈杂噪声的环境中。家里的人也要尽量保持安静，别在宝宝周围大声喧哗。当然，这样的日子并不需要太久，经过充分的休息，宝宝会很快适应新环境，快乐融入新生活。

●**减少宝宝人际间的来往**。为了减少各种刺激，在宝宝出生的第一个月，有必要减少各种人际间的来往。除了必须照顾宝宝的人员，尽量让宝宝多休息，少见人。

●**妈妈应多与宝宝交流**。妈妈是宝宝最温暖的怀抱，在子宫里他就熟悉了妈妈的声音和心跳，所以，妈妈要尽可能地多陪伴宝宝，给他安全感，为他适应外部世界提供帮助。喂宝宝或宝宝睡醒时，让他的头靠近妈妈的胸部，语音温柔舒缓地对宝宝说些爱他的话语，给他唱唱歌，都可以使宝宝感受到来自妈妈的爱。

●**抱起、挪动宝宝动作要轻柔**。刚出生的宝宝身体还很娇嫩，在抱起、挪动宝宝的时候，动作一定要轻柔缓慢。不要突然、过快地改变宝宝的状态，他娇嫩的皮肤和骨骼需要呵护有加。

🙂 蒙氏小语 ♡

新生儿期是婴儿来到这个世界上适应新环境的准备期。在宝宝刚刚出生的前几天，父母一定要尽自己所能，给他提供一个与母体类似的生活环境，以使他有一个逐渐适应的过程，慢慢帮他过渡到新环境。

美丽与整洁，给宝宝一个滋养心灵的家

　　舒适美观的环境，能给孩子以心灵的滋养。在一个优美的环境中，宝宝积极探索与发现的意愿要比他在一个纷杂而混乱的环境下强得多。

故事的天空

　　落地窗前，2岁的瑶瑶正坐在粉红色的小椅子上摆弄着口琴。窗外有一只小鸟恰好落在护栏上，用尖尖的小嘴轻轻地敲着窗子，好像在同瑶瑶打招呼。瑶瑶嘴里惊喜地叫着："咦？小鸟！小鸟！"把口琴放在身边的小桌子上，站起来手扶着淡绿色的窗栏把嘴印到玻璃窗上，她要和小鸟亲吻。

　　小鸟飞走了，妈妈和前来看瑶瑶的刘阿姨走进来。向来爱整洁的刘阿姨快步走过来抱起瑶瑶，亲了一下她的小脸蛋说："宝贝儿，知道吗？玻璃窗是不能亲吻的。"

　　瑶瑶妈妈笑着说："没事的，窗子我每天都用清水擦洗。"

　　刘阿姨和瑶瑶亲热了一会儿，把孩子放到地上让她自己去玩耍了。她四周环顾着，欣赏一番后，对瑶瑶妈感叹地说："你真行，看把这小房间收拾得干净光鲜不说，简直就是一个微缩的童话世界。"然后用欣喜的目光

仔细观察一番后，又有新的发现，这间屋子里所有的用具都是微缩版的，色彩鲜艳的小圆桌，粉红色的小椅子，带门和抽屉的小橱子，还有低矮的小床，就连喝水的杯子、吃饭的小勺子都是小巧的。她啧啧称赞着："这真是孩子的世界，小巧得可爱！"

瑶瑶妈妈拉着她的手，说："可不要小瞧了孩子的生活环境，这对他们习惯和性格的养成，甚至大脑和智力的发育都有影响呢！"

刘阿姨两只手搓着，喜滋滋地说："别说是孩子，就是我这个大人都喜欢上了这里。看来，我得向你取经。"她用右手轻轻摩挲着微微隆起的腹部，开始在心里筹划着如何给未来的宝宝布置一个童话世界般的"家"了。

吕姐爱心课堂

家，就应该是一个舒适而又可爱的地方。优美、整洁的家居环境有助于家人其乐融融地生活在一起。儿童的心理成长过程，是通过环境经验来实现的，他们的发展也会因为环境经验的缺失而减慢或逆转，这是不可违背的自然发展规律。

美对儿童来说是非常具有吸引力的，他们最初的活动都是因美而引起。曾经有一个蒙台梭利学校的小姑娘，看到一所别的学校桌椅满是灰尘时，她由衷地说："一定是老师没给他们漂亮的抹布，如果不给我漂亮的抹布，我也不愿打扫卫生。"因此，环境的舒适美观，与宝宝的学习和活动能力密不可分。在一个优美的环境中，宝宝积极探索与发现的意愿要比他在一个纷杂而混乱的环境下强得多。

蒙台梭利认为："美丽整洁的环境会被孩子富有吸收力的心灵吸收下来，因此，会使自己的行为与周围环境相统一。"这是因为他们从小就培养了一种"物品归类和存取"的思维模式。当想拿取某件物品，脑海里就会闪现出该物品惯性的摆放位置；他们想做事时，脑海里就会浮现出该事情以往的处理方式，最大程度上减少了不必要的精力浪费，这都是通过环境经验获取的。

在整洁家庭环境下成长的宝宝，比在脏乱差环境下成长的宝宝思维更具有条理性。他们在适应环境的过程中自由自在地活动，并从周围环境中汲取智慧养分。只有让孩子觉得周围的环境充满了乐趣，并且适合他随意使用，他们的身心才能自然而然地发展并成熟，也才能更喜欢上这个"家"。

蒙氏支招DIY

生活环境丰富多彩，才能够让宝宝产生浓厚的生活情趣，使他们从中汲取经验。给宝宝创设一个健康卫生、多姿多彩的家庭环境，对他的身心健康和一生的行为习惯影响深远。

●**让宝宝拥有自己的空间**。宝宝需拥有一个专属的房间，里面所有的物品都应按照宝宝的需求来配置，并给予他使用的自由和独立权。如果家庭条件不允许，也可以在宝宝经常活动的房间，如客厅，给宝宝配备一些适合的家具，让他拥有一个相对独立的空间是十分必要的。

●**不可缺失的美感**。宝宝可自由支配的用具与活动的场所必须具有美感，无论颜色、光泽、形状都能使宝宝感受到美的召唤，让宝宝在美的驱使下，积极主动地自发活动和做事。如宝宝喜欢的图片和玩具，一两件乐器，漂亮的小桌椅、小扫帚、小簸箕等，这些适合宝宝的用具会给予宝宝活动的自由，他们的积极性一定会非常高。墙上可粘贴一些美丽的图画，但切记图画要摆放到适合宝宝的高度，以便于宝宝欣赏。

●**专门的橱柜很重要**。为宝宝提供一个高度适合他使用的橱柜，里面分门别类地摆放宝宝的学习用品和玩具，如图书类、乐器类等，并且让宝宝学会将物品放回原处。这不仅方便宝宝自由拿取，还有助于他养成爱整洁、做事有条理的好习惯。

●**宝宝的用具最好是可以清洗的**。那些可以清洗的用具和家具，如塑料的小桌子、小椅子、陶瓷或不锈钢的小杯子等，除了卫生的因素外，还能给宝宝提供心甘情愿做事的机会。宝宝学会了注意环境卫生，学着把污迹清洗干净，从而养成打扫卫生的好习惯。

蒙氏小语♡

儿童的心理成长过程，是通过环境经验来实现的，他们的发展也会因为环境经验的缺失而减慢或逆转，这是不可违背的自然发展规律。美丽整洁的环境会被孩子富有吸收力的心灵吸收下来，因此，会使自己的行为与周围环境相统一。

自由掌控，让孩子成为环境的小主人

孩子只有在一个他能自由掌控的环境中，按照自己的意愿去行动，其身心才能得到良好发展。

故事的天空

3岁的栋栋站在床前发愁了，他那会叫的塑料小鸟静静地躺在床上不肯再起来，栋栋努力了几次，想爬上床把塑料小鸟拿到手都没有成功，只能伸着脑袋无奈地看着好伙伴躺在那里。其实，玩耍了半天的他也有些累了，好想像塑料小鸟那样很舒服地躺上一会儿，可是高大的床让他无法实现心中的愿望。

栋栋是一个活泼爱动的小家伙，整天跑跑跳跳的，一会儿爬凳子，转眼又想去够大衣柜上的咪咪熊。可是，他很少能实现心中的愿望。对于一个小孩子来说，他的高度还不够。正因如此，他才显得更加淘气，在大人眼里，这小家伙简直是一个不知天高地厚，不知道什么是危险的主儿，妈妈把大部分时间都用到跟在孩子身后当"保镖"上面了。

对爱淘气的栋栋，妈妈也觉得无计可施，这孩子怎么就这么叫人不省心呢？直到有一天老同

倾情解读蒙台梭利早教精髓

学姚岚来访，她才知道其中的原因。

姚岚一进屋，就批评栋栋妈妈："难怪孩子淘气，他想干点儿什么都实现不了，怎么能让你省心？"

栋栋妈妈一脸的茫然，觉得自己很称职了，摊上一个爱淘气的孩子谁也没办法。

姚岚拍拍床铺问："栋栋能自己轻松地上下床吗？"

栋栋妈妈说："每次都是我抱他的。"

姚岚用脚踢了踢椅子又问："这椅子栋栋坐过吗？"

栋栋妈妈说："他坐不上去。"

姚岚："这就对了，孩子想睡觉，上不去床，想坐在椅子上，根本无法实现。他生活在一个不适合自己的环境中，怎么能舒心呢？"

栋栋妈妈想了想，觉得姚岚说得有道理，大人没有给孩子布置一个适合他生活的环境，孩子又怎么能让大人省心呢？

吕姐爱心课堂

宝宝从周围的环境中汲取营养，来帮助自己慢慢长大成人。只有宝宝自己掌控环境了，他才能生活得开心。在现实生活中，许多父母忽略了给宝宝布置适合并方便他活动的场所。宝宝的房间同大人的没有什么区别，当他想爬上床去睡觉时，自己却上不去；当他想坐在椅子上休息一下，他的眼睛与椅面平齐，只好放弃坐在椅子上的想法，而改为席地而坐了。这时大人却在责怪宝宝不懂规矩、不讲卫生，忙不迭地把他抱到椅子上去端坐，殊不知宝宝心里有多受伤，他怎么能有心情休息或玩耍？一个生活在不舒心的环境中的孩子，今后的性格、行为习惯，甚至是才智都会受到影响，不利于他们的身心发育。

蒙台梭利认为："环境是有生命的，这个'环境'包含儿童成长所需的一切事物的积极意义，同时也要将所有不利于儿童成长的事物加以排除。"这就需要爸爸妈妈给宝宝设置一个方便他们生活的小环境，当他脱下衣服时，伸手就够得着挂衣钩；当他想挪动小凳子时，轻松地就可以将它搬走；当他想睡觉时，能很顺利地躺倒在自己的小床上；当他想出入各个房间时，没有任何的障碍；当他玩耍累了，就去高度合适的小椅子上休息片刻。

只有让宝宝拥有一个所有东西的大小都与其能力相匹配的环境，才能让宝宝感受到自己是环境的主人，他可以随意支配和驾驭周围的环境。其实，他的愿望很简单，就是自食其力，使自己的模样更像大人。这既是孩子的天性，也是他的使命。在这样的环境中，宝宝所表现出来的生活态度是十分积极的，他不仅会在这里十分愉快地生活，而且内心充满了无穷的活力。他还会变得安静知礼、不哭不闹，成为一个友好而听话的"好孩子"。

🧸 蒙氏支招DIY

宝宝拥有自己的环境很重要，爸爸妈妈们应该努力去理解宝宝成长的需要，给他们提供一个适宜的生长环境，使他们得到满足。

●**家具、用品要适合宝宝的身高和大小**。宝宝的自然倾向是依靠周围环境和各种辅助物生存，愿意使用与自己相配的桌椅、衣橱、洗漱设备和餐具等。所以，桌椅和用具应适合宝宝的身高和大小。如低矮的挂衣钩和衣橱，大小适中的脸盆，宝宝小手握得住的香皂，能方便宝宝自如上下的矮床等。如果没有矮床，一张适宜的床垫也是不错的选择。将宝宝的小被子、小枕头整齐地摆放在床垫上，这样他就可以随心所欲地躺在那里休息了。

●**用具要轻便，适合宝宝搬动和使用**。宝宝不仅喜欢使用与自己身材匹配的用具，还喜欢将它们搬来搬去，特别是小椅子、小桌子等，所以为宝宝选择用具时还要本着轻巧的原则，这样宝宝才能更轻松地移动和使用它们。

●**在阳台上为宝宝设置一个小花园**。宝宝除了玩耍、休息，还喜欢花花草草。家中的阳台可摆放几盆花，也可以在花盆里栽上蒜、葱或辣椒等容易存活的植物。除了供宝宝欣赏，还可以安排他给植物浇浇水、松松土，让他感受到耕作和收获的喜悦。

●**自然的环境有助于宝宝学会控制行为**。给宝宝布置环境应自然协调，如餐桌上的美丽花瓶，宝宝吃饭的瓷碗、喝水的玻璃杯。许多父母担心这些物品会被宝宝打碎，便将它束之高阁。其实，让宝宝自然地使用这些物品，更有助于他们学会控制和修正自己的行为。一旦物品有了破损，就等于在向孩子鲁莽和漫不经心的行为提出警告。这样宝宝在下次使用时就会尽可能地注意自己的举止，做事时会更小心、准确，并慢慢像主人一样成为这些用具的管理者。

👶 蒙氏小语♡

宝宝从周围的环境中汲取营养，来帮助自己慢慢长大成人。给儿童提供一个自由活动的场所，有助于他们进行自我训练，并寻求自我发展。它是儿童成长的重要条件，是形成一个人独特而且复杂个性的重要因素。

爱孩子，就多给他自由

要帮助一个儿童，就必须给他提供一个能使他自由发展的环境，使儿童根据自己的内在需要从事各种活动。只有在自由的活动中，儿童才能真正体验到自己的力量，从而获得不断发展的强大动力。

——蒙台梭利

🕐 阅读时间：25 分钟　　🎓 受益指数：★★★★

解放孩子，别捆住宝宝的小手脚

自由是孩子的天性。爱孩子，不妨解放他们的小手脚，让他们在无拘无束中自然地生活与成长。

故事的天空

早晨一睁开眼，豆豆妈妈趁孩子没有醒，赶紧钻进厨房准备早餐，早餐端上饭桌，又马不停蹄地去房间看孩子醒了没有。1岁半的豆豆正在往自己的小脚丫上套袜子，拿着袜子的小手怎么也套不到脚上去。妈妈看不下去了，赶紧过来帮忙。

豆豆却不干了，非要坚持自己来，母子陷入一场拉锯战。结果是妈妈抢下了袜子，豆豆却躺倒在床上哭叫着，起劲儿地乱蹬脚丫，不配合妈妈的动作。仅给豆豆穿袜子，妈妈就弄得满头是汗，豆豆哭红了眼睛，不肯去吃早饭，更不肯去洗脸。

爸爸过来批评妈妈："孩子要自己干的事情，就由他去好了。"

妈妈却委屈地说："他自己能行吗？没有我的帮助他能干什么？"

委屈归委屈，孩子还是要管的。等豆豆不哭了，妈妈抱起他到卫生间洗脸。豆豆又有了自己洗脸的愿望，妈妈赶紧解释："豆豆小，等豆豆长大了再自己洗好不好？"豆豆又嘟起小嘴，只好任由妈妈摆布。

走在街上，豆豆突然发现地上有一群蚂蚁在洞口出出进进，便蹲在地上不走了。妈妈赶紧说："你看这里多脏，咱们去公园里玩吧。"然后强行拉起豆豆的小手离去。豆豆恋恋不舍地一步三回头，他还没有看够那群可爱的小蚂蚁呢！

到了公园，妈妈更是寸步不离，豆豆伸出小手去摸古槐树粗糙的皮，妈妈说扎手；豆豆要蹲在水边像别的孩子那样去撩水，妈妈制止着说太危险；几个孩子在跳沙坑，豆豆跃跃欲试，又被妈妈牵住小手引到别处去了。

在自由的天地里，豆豆却一点儿也不自由，妈妈设限过多，不知扼杀了豆豆多少欢乐。而妈妈却认为自己还不够称职，她恨不得把孩子含在嘴里才觉得保险。

😊 吕姐爱心课堂

宝宝自由成长的前提是要拥有一个独立成长的环境，他们就像小禾苗一样，需要自己努力才能苗壮成长。豆豆受到妈妈无微不至的呵护，几乎失去了自由。这种过度的疼爱，会使孩子失去许多童年的快乐，十分不利于他们的成长。

试想一下，当他想摸摸电视机体验一下触觉时，爸爸妈妈会立刻说："不要摸！"当他尝试给正在包饺子的妈妈擀皮时，会被大人呵斥走开……他不能打破、弄脏家里的东西，没有机会做自己喜欢做的事情，无法学习使用日常生活中常用的物品。就这样，许多学习生活经验的机会被剥夺了，孩子的成长也会因此而受到影响。

蒙台梭利说："儿童的成长与发展，有赖于不断拉近他们与环境之间的距离。因为只有不再依赖于成人，儿童自己的个性才能得到真正的发展，才能获得我们所说的那种自由。"如果不给孩子设置能使其独立成长的环境，他们就无法自由地成长，更谈不上天才的培养。

有些宝宝为什么整天把"不要，不要"挂在嘴边，显示出叛逆的一面？其实，这是幼小的心灵在向我们提出"还我自由"的抗议。宝宝觉得自己长大了，想自己拿东西，自己穿脱衣服、鞋袜。可是，热心的父母总是喜欢代劳，为宝宝包办一切。殊不知，热爱自由是人的天性，宝宝的第一本能就是拒绝别人的帮助，自己去做事情。他们争取独立的第一个有意识的要求就是：保护自己，免受他人的阻碍，通过自己的努力达到目标。

明智的父母要学会解放孩子，不

要捆住宝宝的小手脚，成为他成长道路上的羁绊。对孩子好，就要让他自然地生活与成长；对孩子好，就要尽己所能为他提供成长所需要的环境，而不是事事代劳。唯有给孩子成长的空间，才是真正爱护孩子的表现。

蒙氏支招DIY

孩子的发展是依靠不停地练习而获得的，因此父母一定要尊重宝宝，满足宝宝的需要，多给他们提供独立做事的机会，让他们做自己想做的事情，营造一个能让他们充分发挥的自由空间。

●**让宝宝自主进食**。当宝宝有自主吃饭的愿望时，要满足他，不要怕宝宝把饭菜弄到地上，或弄脏了衣服和手脸。整洁干净固然重要，但与宝宝的健康成长相比，又变得微不足道了。所以，要满足宝宝自己动手的合理愿望，一旦这种欲望得到满足，宝宝会很愿意配合爸爸妈妈，高兴地吃下食物。

●**睡眠时间由宝宝决定**。当宝宝不想睡时，就不要强迫他闭着眼睛躺在床上。若要让宝宝到了一定的时间就想去睡觉，应合理安排他的活动时间和内容，肌体的活动会决定宝宝是不是需要休息。

●**给宝宝独立做事的机会**。当宝宝有独立做事的愿望时，爸爸妈妈需要做的不是代劳，而是予以指导。不要怕宝宝做不好事情，更不要对宝宝的"笨手笨脚"给予斥责，甚至剥夺宝宝自主学习的机会。给宝宝更多独立做事和学习的空间，让他经历从陌生到熟悉，从失败到成功，这样他们才能通过自己的努力最终达到独立。

●**为宝宝提供安全无障碍的活动场所**。限制宝宝的活动就等于侵占了他们的活动空间，所以，要给宝宝设置一个安全的活动场所，而不是限制他们的行动。宝宝活动的场所最好不要出现暖水瓶、刀具、打火机、药品、针线等。宝宝周围少了这些危险品，是不是就多了些行动的自由呢？

蒙氏小语 ♡

热爱自由是人的天性，宝宝的第一本能就是拒绝别人的帮助，自己去做事情。他们争取独立的第一个有意识的要求就是：保护自己，免受他人的阻碍，通过自己的努力达到目标。

做宝宝的观众，站在远处静静欣赏

宝宝才是主角，当他们在"表演"时，不要轻易叨扰他们的雅兴，只是站在远处静静地欣赏就足够了。

故事的天空

3岁的壮壮和4岁的鹿鹿在院子里疯跑，两个小家伙时不时开心地呵呵笑着。鹿鹿妈妈却紧张得有些喘不上气来，站在那里，目光总是追着鹿鹿，一会儿喊："地上脏，不要躺倒打滚儿。"一会儿又惊呼道："哎呀，危险，小心别撞在树上。"

壮壮妈妈坐在长椅上悠闲地看着书，她只是偶尔向孩子那边瞥上一眼，然后又埋头沉浸在字里行间。

这时，鹿鹿妈妈伸手拍了拍坐着的壮壮妈妈，惊呼道："看，你家壮壮竟然把整块砖搬起来啦！"

壮壮妈妈不慌不忙地放下手中的书，顺手拉鹿鹿妈妈坐下，笑着说："你可真是的，这有什么大惊小怪的，只要他们高兴就行了呗。"

鹿鹿妈妈人虽然坐了下来，神情却没放松，还用批评的口吻说："你心可够大的，这么小的

孩子懂什么是危险，还不看紧点。"

壮壮妈妈说："以前我也是这么想的。在壮壮2岁半时，他把我用来清洗地板的半盆水端了起来，晃晃悠悠地努力往客厅端去，他的神情处于高度的紧张中，嘴里还说这盆水很重，我于心不忍地去伸手帮他，结果他很伤心，说自己能行，费力地和我争夺。当时我就想，这孩子怎么这么倔呢？非要自己去干。"

鹿鹿妈妈赶紧附和着："就是的。"

壮壮妈妈说："后来，读了蒙台梭利的书我才豁然开朗，其实，孩子只有通过自己的努力才能茁壮成长。从那以后，只要不去碰电源、煤气灶、暖水瓶，他喜欢干什么就由他去。他喜欢搬重物练劲儿，我从来不阻止，每次都是站在一边用欣赏的眼光看着。"

鹿鹿妈妈若有所思地想了一会儿，又抬头用目光去搜寻他的宝贝儿子了。

两个小家伙在比赛搬砖，弄得满头大汗也不肯歇歇。

壮壮妈妈把手中的书递给鹿鹿妈妈，说："这本蒙台梭利的书借你看看，很受启发的。"

吕姐爱心课堂

孩子是自己行为的主人，任何人都不要轻易去打断他们，应尊重他们的自由。父母所需要做的就是与孩子保持适当的距离，控制住自己希望帮助他的冲动，耐心地在一旁静静观察。生活中，父母总是喜欢充当主动的角色，而孩子则明显处于被动地位。其实，当把主角让位给孩子，以一种观察者的姿态出现在孩子面前时，孩子反而能够更愉快、更自主从容地做自己喜欢做的事情。

蒙台梭利认为："任何外来的影响，都能进入孩子的心智，使孩子的内心发生变化，过多的干扰会使其失去自我教育的机会。你只要冷静地观望，保持一种尊重孩子的行为态度，使孩子在获取经验时有完全的自由，就是在帮助他们成长。"蒙台梭利把孩子的做事行为称之为"工作"，这个比喻非常恰当。那么，他们的"工作"目的是什么呢？是在自我完善、自我塑造，是在为自己的成长而努力。

大多数父母觉得宝宝小，需要无微不至的呵护。其实，宝宝在学习走路时，就是尝试独立的开始。经常看到宝宝用哭闹和发脾气来表示不愿让别人来代替他们做事，而是要靠自己的努力去成长。给宝宝提供他们本不需要的帮助，这本身就是在宝宝自然成长的过程中设置障碍。

为了使宝宝的心理健康发展，爸爸妈妈最好不要一切事情都代劳，在一旁静静地观察宝宝的成长就好。只要认真观察，从语言和行为上加以引导，满怀欣喜地充当宝宝的观众，就是给宝宝的最大鼓励。

不要忽视孩子自然成长的重要性，尽量给他们创设适宜的环境，使其充分与周围环境接触，并与之统一。父母所需要做的就是充当观众，用欣赏的眼光去看，用深情的掌声去鼓励。

● **给宝宝提供适宜的"工作材料"**。宝宝的小手想要"工作"，就需要有物品来配合，这样才能够"刺激活动"。所以，只要对宝宝没有潜在危害的物品，都可尽量留在原地。当宝宝想"工作"时，随时有可操作的东西。

● **当宝宝专心做事情时，不要打扰他**。即使宝宝在经历"失败"，也不要轻易去打扰他，别阻碍孩子体会"失败"，这也是一种激励方式。成功往往是经历无数次失败而获取的，是孩子成长过程中必须经历的。成功需要失败的体验，孩子会在失败中获取经验，总结教训。

● **适当给予宝宝引导和示范**。孩子们总是充满热情地观察周围的事物，他们会通过观察，学会指导自己的行动。爸爸妈妈的行为最容易吸引他们，并非常乐意去模仿。所以，应该鼓励他们的行动。当孩子在模仿时，爸爸妈妈的动作要慢、要准确，让边观察边模仿的小宝宝清楚地看到那些动作的细微之处。

● **提供配合宝宝心理发展的帮助**。对孩子发展无益的帮助，会成为孩子成长的障碍，而配合孩子心理发展的帮助，却可以使他们获得最大的助益。如宝宝在一条不是太平坦的小道上走路，无须抱起或牵拉他的小手，而改用口头提醒的方式告诉他："这儿有个小坑，要当心！""宝宝，到另一边去走！"用这样的方式指导孩子，才是真正帮助孩子成长。

● **给宝宝适当的激励**。当宝宝做某个动作，身体感到危险时，不要马上出手相助，可以用温柔、鼓励的眼神关爱地看着他，激励宝宝自己去解决问题，这样才能使他们更自由地行动。

👶 **蒙氏小语♡**

任何外来的影响，都能进入孩子的心智，使孩子的内心发生变化，过多的干扰会使其失去自我教育的机会。你只要冷静地观望，保持一种尊重孩子的行为态度，使孩子在获取经验时有完全的自由，就是在帮助他们成长。

爸 妈 私 房 话

第二章

敏感期，宝宝学习与发展的"机会之窗"

处于敏感期的宝宝充满了活力与激情，他能很容易、很轻松地学会做每件事情。正如蒙台梭利所说："经历敏感期的孩子，其无助的身体正受到一种神圣命令的指挥，其小小心灵也受到鼓舞。"尊重自然赋予孩子的天赋吧，及时捕捉并给予宝宝必要的引导和帮助。

敏感期，打开宝宝内心世界的钥匙

> 儿童不仅仅对某些事物具有内在敏感性，他们还具有利用这些事物促进自身发展的独特潜能。一个正处于敏感期的儿童，他们所进行的心理调整，能使自己更轻松、愉快地认识和适应周围的环境。
>
> ——蒙台梭利

阅读时间：25 分钟　　　受益指数：★★★★★

灵光乍现的敏感性

处于敏感期的宝宝，他的心灵能得到一种神秘的激发。这种在无声无息中默默进行着的激发，能培养出高贵的品质，并将伴随宝宝一生。

故事的天空

5岁的朗朗是一个可爱的小男孩，一双忽闪忽闪的大眼睛是他的招牌，大家都说这个小家伙是天生的演员坯子，他爸妈听后乐得合不拢嘴。

由于朗朗的爸妈工作忙，每天和孩子在一起的时间很少，并没有发现朗朗身体有什么问题。一次偶然的机会，小区里组织爱眼日免费测试视力活动，引来一大群人，大家都想测测自己的视力。朗朗的爸妈也带着孩子排队等候。

轮到朗朗时，测试的医生轻轻掐了一下朗朗的小脸蛋，夸他是个帅小伙。朗朗也很配合医生阿姨，左眼，正常。当测试右眼时，医生很惊诧，她自己都不敢相信，这只右眼竟然是失明的。

在场的所有人都很吃惊，许多邻居都说这个孩子眼睛怎么会看不见东西呢？他们是看着他长大的，那两只大眼睛忽闪忽闪的，多可爱呀！

朗朗的爸妈也不相信，医生也怕自己测试出误差，最后建议到眼科医院让精密仪器再测试一下。

测试的结果令许多眼科医生都感到吃惊，多次会诊得出的结论都相同：从表面上看，这是一只完全正常的眼睛，但实际上它却是失明的。

倾情解读蒙台梭利早教精髓

一只看起来完全正常的眼睛何以失明了呢？在医生的追问下，朗朗的爸妈努力回忆着，最后他们想了起来。在五年前，也就是朗朗呱呱坠地时，这只眼睛因轻度感染被绷带缠过两个星期。

医生得出了结论，这就是原因所在。这种对常人几乎没有任何副作用的治疗，可对刚刚出生、大脑正处于构建发育关键期的朗朗来说，却造成了无法弥补的伤害。被绷带缠住的眼睛由于长时间无法接收任何外界信息，错过了眼睛受光的敏感期，导致为这只眼工作的大脑神经组织随之"战略转移"了。

🙂 吕姐爱心课堂

朗朗的不幸令人惋惜，同时也正说明一点，宝宝的敏感期是不容错过的。在各个敏感期，如果孩子受到干扰和阻碍，他们身体的各种功能得不到正常使用，相关的功能就会丧失。生命的器官严格执行着"用进废退"的原则。

蒙台梭利认为："敏感期是指生物在其初期发育阶段所具有的一种特殊敏感性，它是一种灵光乍现的禀性，并且只在获得某种特性时闪现出来，一旦他获得了这种特性之后，其敏感性就消失了。"幼小的宝宝只是按照大自然赋予的生命节律随心所欲地去生活，他们不知道自己具有某些"特别的禀赋"，爸妈必须练就一双"慧眼"，去发现孩子敏感期的某些特殊的表现。

在敏感期里的宝宝拥有一种极具创造性的本能，这种本能对他们的影响力非常惊人。当他们处在某个敏感期的时候，会以前所未有的毅力与激情，执着地去做某些事情。这时他们对一切都充满了好奇与热情，能够自然而然地吸收和学习，轻松地掌握各种本领，他们所做的每一次努力都使自己的能力大大提高。当一个目标达到时，他们才会失去兴趣和热情。

人们通常会对繁重的工作产生疲劳和厌倦情绪，而处于敏感期的宝宝却十分"敬业"，他们总是孜孜不倦地"工作"。当一种热情耗尽之后，另一种热情又随之燃起。在这种节奏的支配下，宝宝不断地去认识和了解世界，这一切

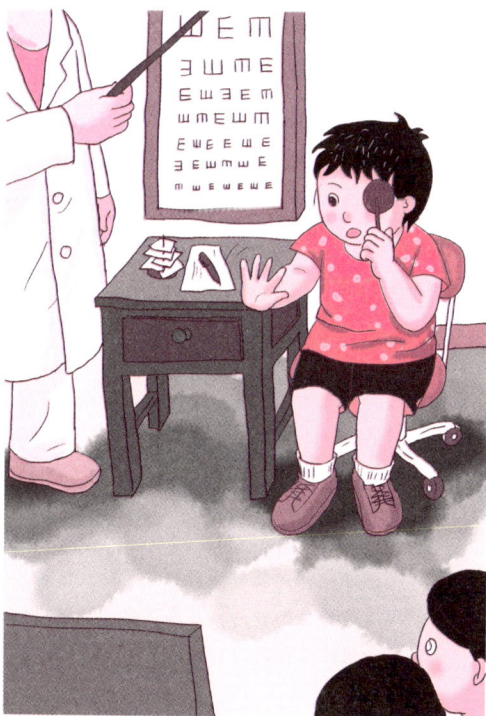

使他们感到幸福而满足。

完全可以这样说，敏感期是发展宝宝能力的最佳时期，如果宝宝在这些时期的内在需求没有得到满足，甚至受到阻碍，就会丧失发展某项能力的绝好机会，导致他日后需要耗费更多的精力和时间才可以获得这种能力，甚至可能与这种能力失之交臂，终生无法再获取。敏感期不仅是宝宝学习的关键期，也是影响其心灵、人格发展的重要时期。因此，爸妈应尊重自然赋予宝宝的天赋，并给予宝宝必要的帮助。

🐻 蒙氏支招DIY

敏感期是宝宝发育的黄金时期，爸妈要抓住这一教育最佳时段，及时提供必要的环境与引导，让宝宝的发育达到最人化程度。相反，如果在任何敏感期的兴趣遭到妨碍而无法发展，就会丧失以自然的方式来教育宝宝的大好时机。

●**要针对宝宝特定敏感性的发展来安排教育**。安排宝宝学习并非越早越好，要了解宝宝的特定敏感期，只有这样才能事半功倍。如在2岁之前，为宝宝提供一个整洁的环境和规律的生活作息，有助于培养宝宝良好的秩序感；而在4岁左右，宝宝的小手有了拿笔写字的兴趣，这时如对他进行及时引导，可以为宝宝日后掌握正确的书写方式打下好基础。

●**注意观察，及时发现宝宝的敏感所在**。虽然宝宝的敏感性有一个大致的年龄段，但具体到每一个宝宝，其进入敏感期的时间也不尽相同。因此，爸妈应在日常生活中多留意，注意观察宝宝的表现，及时发现宝宝的敏感所在，以便对其进行必要的引导。

●**充满爱和自由的成长环境**。一个充满爱和自由的成长环境，可以让宝宝自发地通过他特有的对事物的敏感性进行学习，获得能力，丝毫不需要他人的特别注意。比如孩子学说话，也许我们没有对宝宝"说话"的敏感性加以关注，可是成人之间的对话为宝宝语言能力的发展提供了必要的条件，激发了他对于"说话"的敏感性，于是宝宝便悄悄地开始学着说话了。因此，要尽可能为宝宝提供一个适合发展的环境，多提供丰富的环境刺激，为宝宝敏感期的到来做好充分的准备。

👦 蒙氏小语♡

敏感期是特定能力和行为发展的最佳时期，在这一时期，个体对形成这些能力和行为的环境影响特别敏感，最容易吸收环境中的信息，先天潜能发挥得最好、最充分，从而最容易获得某种能力。

发脾气，宝宝敏感性的受阻表现

宝宝爱发脾气可不是小事情，他们天性质朴纯真，如果不是受到外界没来由的"侵扰"，是不会平白无故发脾气的，这也是他们自我保护的一种本能。

故事的天空

苑苑2岁了，妈妈突然发现，以往的乖乖女竟然变得爱发脾气了。早晨起来，苑苑把脸盆端到客厅里来洗脸，她边洗脸，边拍盆中的水，她喜欢溅起的水珠碰到小脸蛋儿的感觉，并开心地哈哈大笑着。

妈妈从厨房里出来见到这一幕，赶紧过来制止宝贝女儿："这简直是胡闹，把水都溅到了地上，妈妈刚刚擦过的地板啊。"

苑苑却不肯听妈妈的话，还是起劲儿地拍着盆里的水，这回是两只小手一起来，力量自然更大了，溅出的水珠都落到了电视机上。

妈妈见劝说无效，只好把苑苑强行拉开，把水盆端到卫生间，拿来抹布去擦地上的水。苑苑却不干了，气得她一边大声哭闹着，一边使劲儿地用小脚踩地板。母女俩为此闹了一个早晨，妈妈生闷气，孩子不开心。

妈妈怎么也想不明白，这孩子怎么就气性这么大呢？竟然学会了和大人对着干，做什么都得顺着她才行。

吕姐爱心课堂

许多人都觉得，几岁的孩子蛮不讲理要严厉管教，不能惯着他们，否则会惯出一身的臭毛病。殊不知，宝宝爱发脾气，与大人有关。

一般来说，孩子没来由发脾气，是敏感性的正常表现受到了阻碍所致。就像上文中的苑苑一样，2～3岁的孩子正处于玩水的敏感期，他们在玩水中发展触觉，体验水流的空间感和流动感。而妈妈强行制止，孩子的内在需要没有得到相应的满足，必然会通过某种激烈的反应表现出来。

处于敏感期的孩子受内在生命力的驱使，执着地要去做某些事情。当孩子正在专心致志地干自己喜欢的事情时，他们是不希望被人打扰的，可是有些爸妈偏不识趣，要么干扰，要么阻止，惹出孩子万分的怒火，便出现任性、不听话，与大人对着干的情形。其实，这是幼小的宝宝在拼命保护自己生命创造力的举动。如果宝宝不发脾气，成人会更容易将他们的敏感性摧残殆尽。

人们都说小孩子的脸和六月的天气差不多，脾气来得快，散得也快。孩子在敏感期爱发脾气，也会像敏感期一样短暂易逝。此间的发脾气等任性表现，不会对孩子在敏感期形成的禀性造成永久性的影响，但是却会阻碍他们心理发展成熟。正在为自己的心理发展做强烈斗争和挣扎的宝宝，如果遭遇到爸妈过大的误解和强制干涉，就会在这场"斗争"中失败。而失败会导致孩子心灵上的残疾。蒙台梭利曾经说过："如果儿童在敏感期遇到了障碍，无法正常发育，他们的心理发展就有可能因此发生紊乱甚至扭曲。"生活中，孩子心理出现扭曲的状况比比皆是，抑郁、胆怯、自卑、好斗、易怒等。因此，对于宝宝发脾气，爸妈不可轻视，不要误认为他们是在无理取闹，或者只是想得到大人的抚慰而已。应对孩子发脾气背后的原因积极探究，只有找到其中的原因才能深入孩子的内心，了解他们成长的秘密。

蒙氏支招DIY

宝宝发脾气一定是受到了某些外界的影响，如果让宝宝长时间地处于这种浪费生命的抗争中，就会大大减少宝宝把注意力集中在自我成长及探索未知世界上，对其今后的发展造成不利影响。爸妈应该为宝宝提供适合他们自由成长的"土壤"。

●**不要忽视宝宝发脾气。**宝宝发脾气，爸妈不能置之不理，而是要积极地找出原因，尽快消除令他们感到不快的消极因素，让宝宝高高兴兴地去做自己喜欢的事情。只要宝宝的需求得到了满足，或者危险、无序的状况得到了缓解，他们的情绪就会平静下来。

●**不给宝宝人为设阻**。只要没有危险，就不要去主动找宝宝的"麻烦"，让宝宝专心去做自己的事情，像什么"不讲卫生啦""你怎么这么淘气"之类的话应该少说。也可能你对宝宝的某些动作和行为不解，但自然赋予他们的敏感性会帮助宝宝自发成长，所以，多理解和宽容宝宝，不要成为他们成长道路上的羁绊。

●**给予宝宝必要的帮助**。宝宝小，对许多事情、技巧还没有了解或掌握，如果宝宝长时间没有突破，也可能会引起不良情绪。爸妈可适当地予以指导，帮宝宝渡过"难关"，但一定不要包办或强行指导。

蒙氏小语♡

当儿童生机勃勃的活力受到外界的干扰和阻碍时，他们就会表现得难过或愤怒。这种与敏感期的心灵冲突密切相关的各种任性表现，会产生一种不良的作用，阻碍他们心理发展成熟。

秩序，给宝宝愉快有序的生活

大自然赋予人们的第一个本能是与秩序有关的敏感性，这就像大自然给了人类一个指南针，让人类学会去适应世界。

——蒙台梭利

阅读时间： 30 分钟　　**受益指数：** ★★★★

宝宝的秩序感，与生俱来

秩序感是生命与生俱来的一种需要，宝宝通过秩序感的自我排序，才能更好地认知这个世界，完成复杂的思维判定能力。

故事的天空

球球只有6个月大，是一个人见人爱的小家伙，谁见到都忍不住想摸摸他那粉嫩的小脸蛋儿。爸妈给他精心布置了一间漂亮的宝宝房，他的床头是一张精致的小桌子，上面有只小斑马，因为球球是属马的，只要他睁开眼，就能看到栩栩如生的小斑马。有时球球还把它抱在怀里把玩一阵子，每次玩完后，妈妈都把小斑马放回原处，球球也习惯了小斑马的位置。

周六，小姨打着漂亮的花伞，顶着毒辣的太阳来看宝贝外甥。一进球球的房间，小姨顺手将放在桌子上的小斑马挪到一边，把折叠伞放在小斑马原来的位置上，迫不及待地去抱球球。球球开始咯咯地笑着，可后来突然大哭起来。站在一旁的妈妈和小姨都吓了一跳，以为球球哪里突然不舒服，赶紧给小家伙检查起身体来。

球球越哭声音越大，仿佛是对妈妈和小姨不满。姐妹俩面面相觑，谁也搞不懂这小家伙为什么突然大哭。

小姨觉得可能是自己的动作过猛让孩子不高兴了，决定出去给球球买好吃的哄哄他。当她拿起折叠伞准备出门时，小家伙立即止住了哭声，用手指着小斑马对妈妈咿咿呀呀着。

倾情解读蒙台梭利早教精髓

细心的妈妈这才发现，原来小家伙是要他的小斑马。可是，当把小斑马递过来时，他又用一只手推着表示拒绝，妈妈又把小斑马放到平时的位置上，球球才满意地笑了。

手拿折叠伞的小姨很纳闷，说这孩子怎么这么快就不哭了？妈妈解释说他是不满他的小斑马被挪动了位置。

事实果真是这样的吗？

吕姐爱心课堂

事实上，小家伙不是因为小姨动了他喜爱的小斑马而生气，使他烦恼的是小姨严重地违反了他平时的秩序，他觉得小斑马就应该在那个位置才合适，是不能有半分差错的。

宝宝的秩序感是与生俱来的，是生命中最重要的、每一个人都必须经历的一个时期，这种敏感性多集中表现在0～2岁阶段。秩序感是一种建立秩序的过程，宝宝之所以能认识到每样物品在环境中所处的位置，并记住每件东西应该放在哪里，皆是秩序感在起作用。细心的爸妈会发现，孩子从出生后几个月就开始出现对秩序的喜好，他第一次看到某件物品放在哪里，那么就应该一直在原地；每天回家的路是不能改变的，如果改变他就会闹意见；出门一定要穿衣服、带包。如果不符合他的秩序需求，他就会没有安全感。宝宝需要一个有秩序的环境，他可以闭着眼睛四处走动，伸手就可以拿到自己想要的东西，这样的环境使孩子感到平静和快乐。

蒙台梭利认为："儿童需要秩序，犹如狮子需要陆地、鱼儿需要水一样。如果成人未能提供一个有序的环境，儿童便没有一个基础以建立起对各种关系的知觉。当儿童从环境中逐步建立起内在秩序时，智能也因而逐步建构。"

孩子认识这个世界，主要是透过有秩序的环境，来和自己的内部秩序配对。他们会通过外在的有序的环境，来进行知觉归类，将看到的、听到的、摸到的、闻到的、尝到的分别归类。等他们所有的感官都完善后，就会从对感觉的认识上升到知觉的认识，这时，孩子对外部世界便有了自己的认识，人的智能就是这样形成的。

对于宝宝秩序敏感期的特殊心理和行为，爸妈要认真对待，不要误以为宝宝"小气""被娇惯坏了""小家伙成心找碴儿"，甚至上升到道德的高度，所采取的手段也不外乎批评、斥责，甚至阻碍宝宝的情绪反应。如此一来，宝宝的秩序感会被逐渐破坏，结果阻挠了宝宝对标准和完美的追求，扼杀了他们的自律感萌芽。最后，反而使宝宝在遵守规则和发展道德感方面出现各种障碍与问题。

🐻蒙氏支招DIY

在宝宝的秩序敏感期，爸妈需要从点点滴滴的生活细节入手，采用适当的方式帮助宝宝养成良好的秩序行为。一个洁净、舒适、井然有序的家庭环境，是培养宝宝秩序敏感性的最好"土壤"。

●**让宝宝处于熟悉的环境**。在宝宝的秩序敏感期内，尽量让他处在熟悉的环境中，不要经常挪动、更新婴儿房的家居摆设，不要轻易挪动宝宝喜欢的物品。熟悉的环境有利于宝宝建立安全感和心理需求。

●**为宝宝设定固定的活动区域**。应在固定的地方给宝宝喂奶、睡觉、换尿布、做活动等，这样便于他们从日常生活中找到规律，建立起内在的秩序。只有熟悉新环境和新生活后，他们才能开始对新环境和新生活进行了解、探索。

●**注意用自身的秩序影响宝宝**。在日常生活当中，爸妈也要作息规律，生活有条理，给宝宝树立榜样，帮助宝宝建立良好的秩序行为。

●**照顾宝宝、与宝宝交往要遵循一定的顺序和习惯**。日常生活中与宝宝打交道时，应保持一定的做事顺序和习惯，如妈妈先和宝宝逗笑一会儿，再抱起来喂奶；洗澡时先洗脸，再洗头，然后依次是脖子、上身、下肢；等等。这些模式一旦固定下来，不要轻易更改，以免打破宝宝内在的秩序感。

👦蒙氏小语♡

儿童对秩序的热爱与成人不同，秩序给成人一种外在的快乐，而儿童需要秩序，犹如狮子需要陆地、鱼儿需要水一样。如果成人未能提供一个有序的环境，儿童便没有一个基础以建立起对各种关系的知觉。当儿童从环境中逐步建立起内在秩序时，智能也因而逐步建构。

有序的生活，让宝宝安心

孩子在一个有秩序的环境里生活，可以使他感到平静和快乐，并获得有序、安全、稳定的感觉。

故事的天空

燕燕从出生时就躺在爸爸和妈妈中间，妈妈在左边，爸爸在右边，这种习惯一直延续到燕燕1岁。

有一天，不知什么原因，爸爸和妈妈调换了位置，当时燕燕已经睡着了，并不知道这不经意的变化。当她醒来时才发现，左边该是妈妈的位置换成了爸爸，而妈妈却躺在了右边。于是就哇哇大哭起来，边哭边用小手奋力地推爸爸。

大妻俩被孩子的哭声惊醒，以为孩子突然生病了，经过细致的检查，并没有发现孩子有什么病症，又拿来吃的东西，她还是哭，瞪着眼睛看着爸妈哭。

两个大人急得团团转，燕燕躺在床中间使劲地哭。

妈妈心疼孩子，赶紧上床躺在左边拍着燕燕，柔声柔气地哄着，说她是妈妈的乖宝

贝、好孩子。

燕燕的哭声小了，爸爸放下心来，也上床来陪她。既然左边躺着妈妈，爸爸自然躺在右边了。这回，燕燕彻底闭上嘴不哭了，过了一小会儿，又甜甜地睡去，脸上的泪痕还没有干。

孩子的一通哭闹，搅得两个大人没有了睡意，他们躺在那里分析了半天，也没有研究出孩子为什么半夜醒来大哭。最后一致决定，明天看孩子的表现，如果有什么异常，赶紧带她去医院。

第二天，燕燕笑得开心，玩得痛快，吃喝都很正常，根本没有去医院的必要。爸妈心里疑惑着，他们一直没有弄懂孩子半夜起来大哭的原因。

吕姐爱心课堂

不是燕燕不尊重爸爸，而是爸爸突然出现在"错误"的位置上，打破了燕燕已经形成的秩序感，干扰了孩子心中的秩序。这使她从心理上失去了安全感。

秩序感是宝宝安全感的重要来源，孩子只有生活在一个有秩序的环境中，才能使其感到平静和快乐。婴幼儿期的宝宝有着强烈的安全需要，他需要一个有秩序的环境来帮助自己认识事物、熟悉环境。宝宝要求周围的事物有固定的秩序，而这些固定的秩序已经深深印到他的大脑里，一旦这种秩序被打破，他就会觉得这个世界不是自己所认识的世界了，宝宝会感到不安和无所适从。

蒙台梭利在观察中发现，孩子会因无法适应环境而害怕、哭泣，甚至大发脾气。可见，"对秩序的要求"是宝宝极为明显的一种敏感力，这主要表现在对顺序性、生活习惯以及所有物的要求上。宝宝之所以有着强烈的秩序感，与对环境的控制欲望分不开，由于他们对未知的恐惧，便产生控制环境的欲望，认为生活有序才能感到安全。一旦这个秩序有所变动，孩子感到来到了一个陌生的环境，回不到原来的那个熟悉的环境中去了，就会产生焦虑和恐惧。

秩序的破坏，对宝宝来说可是天大的问题，除了会给他们带来不安全感，还会造成很多的混乱，如思维的混乱、感觉的混乱、情绪的混乱、心理的混乱等。面对着诸多的混乱，他们把主要精力用到对无秩序环境的抗争中，白白浪费掉许多成长的时间。

当宝宝逐渐长大，对生活有了更深刻的了解，秩序感在心理体验上会深化为安全感和归属感。他们之所以一遍遍重复原有秩序，目的就是不断巩固安全感，直到他们把握了这个秩序的恒定，内化了守恒概念。所以，爸妈要顺应宝宝与生俱来的秩序感，满足其在敏感期的爆发需求，培养他有秩序的、合理的生活习惯，使他在自己喜欢的环境中无忧无虑地有序生活。

倾情解读蒙台梭利早教精髓

🐼 **蒙氏支招DIY**

　　稳定的生活秩序是宝宝安全感的重要来源，爸妈要为宝宝创造一个井然有序的生活环境，使宝宝感到更安全、更舒适，自然也就能快乐地成长了。

　　●**就餐中的秩序**。宝宝的餐椅和餐具应固定下来，不要总是更换。还要给他安排一个固定的就餐位置，家中其他成员的座位顺序也要固定不变。

　　●**规律的生活作息**。给宝宝安排一个科学合理的生活作息时间表，如固定时间睡觉、吃饭、洗漱、外出、讲故事等。规律的生活不仅给宝宝安全感，还能为培养宝宝的时间观念和秩序习惯奠定良好的基础。

　　●**整洁有序的家居环境**。规划好室内空间，在固定位置放置物品，各种物品要摆放整齐有序，使用完毕后应物归原处。让宝宝通过观察、模仿，养成物归原处的习惯，平时鼓励宝宝自己动手收拾玩具、图书，锻炼他们有秩序地去生活。

　　●**日常生活细节中培养宝宝的秩序感**。在宝宝面前，要做好生活细节的示范，培养宝宝的秩序感。如进门换鞋，并将鞋子摆放整齐；先洗手，再吃东西；洗手擦干后，将毛巾放回原处；等等。

　　●**注意公共场所宝宝秩序感的培养**。带宝宝参加集体活动时，让他在与人相处的过程中形成规则意识。如在游乐场玩滑梯时，要告诉宝宝应该自觉排队，有先有后，不推不挤；乘坐公交车要先下后上、文明礼让；游览公园时，不要践踏草坪，攀折花木。每到一处，都要向宝宝讲解相关的规定，让他们懂得和学会遵守社会生活中的种种秩序规则。

👶 **蒙氏小语** ♡

　　秩序能带给儿童足够的安全感。因为儿童很清楚，什么时间什么地点需要做什么事情，并且每个步骤记得清清楚楚。如果程序和秩序被打乱，会给儿童带来极大的混乱和不安。

秩序，宝宝的快乐因子

在宝宝看来，世界正是以不变的程序和秩序而存在的，当秩序感获得满足时，会使他产生无与伦比的快乐。这是宝宝生命和成长的一种需求。

故事的天空

果果还不到1岁的时候，妈妈每天都抱着他出门看风景。在这座古城里，古色古香的建筑很多，果果家的院墙中就有一部分是用青灰色的仿古砖砌成的。妈妈注意到，果果一看到那块灰色的墙壁时，就表现得很高兴、很感兴趣。尽管院子里遍地都是美丽的花朵，还有几棵槐树，有时地上还有几只不怕人的小鸟跳来跳去觅食，他也不去看一眼。于是，妈妈每天都抱着他在墙壁前站上好半天。如果妈妈不在这里停留，果果就咧开小嘴哭。妈妈也搞不懂，这面死气沉沉的灰砖墙怎么能给他带来如此多的快乐。

长到2岁的果果，十分热衷于玩捉迷藏的游戏，他总是爱让妈妈藏在卧室的门后面，等着自己去找。每次找到妈妈时，他都一脸惊喜地说："呀！我找到你了！"

玩得高兴了，他就会要求

妈妈一遍遍地藏，然后他不停地找。为了满足果果能找到自己的愿望，妈妈总会藏到相同的位置，而果果却总是乐此不疲。

有一次果果藏，妈妈找。果果躲在卧室的门后面，妈妈故意找来找去，就是不往门后看，结果果果自己跑了出来，大声地说："妈妈，我就藏在门后啊！"他的语调就像在说："难道你没有看见我在这里吗？"

妈妈觉得果果很好笑，故意暴露自己让人家找到，还美滋滋的，即使重复一万遍，他好像也不厌烦。

吕姐爱心课堂

果果的这些表现都是处于秩序敏感期的典型特征。秩序会使宝宝产生一种自然的快乐，当他看到一些东西放在"恰当"的位置或出现在它应该出现的地方时，就会感到由衷的兴奋和愉悦。

大孩子们玩捉迷藏看重的是自己如何隐藏好，不被人找到才会有成就感。因为捉迷藏的本质就是让人难以发现，而不是被人一眼就看到。对于果果这样的小不点儿可不是这样想的，他们把自己藏起来，就是为了让别人在他藏身的地方找到他，以产生秩序感，并从中获得快乐。妈妈假装不知道他在那里，好久找不到藏好的他，在他的单纯的世界里就会这样想：我就在这里呀，为什么妈妈却不来找我呢？此时，宝宝心中的秩序感就会被打乱。

这就是孩子与成人眼中世界的不同。在成人看来，宝宝的这种举止无异于掩耳盗铃，这种缺乏逻辑的游戏是何等无聊、无趣。而对于那些处在秩序敏感期的宝宝来说，却会产生无与伦比的快乐。此时的宝宝感兴趣的并不是找到东西，而是在它该出现的地方找到它。否则，就不合乎他们的"规律"。

蒙台梭利通过研究发现，当孩子看到一些东西放在"恰当"的位置时，他们就会感到十分兴奋。对于这个年龄段的孩子来说，"躲藏"就是在某个隐藏的地方放置和找到那个东西。他们觉得：你们无法看到它，但是我知道它在哪儿，闭着眼睛我也能找到它。这充分表明，自然已经赋予儿童对秩序的敏感性。

秩序是大自然的定律，各种程序和秩序在宝宝生命之初就已悄悄植入宝宝的内心世界，成为他们最初的内在逻辑。因此，在秩序敏感期内给予宝宝适当的引导和培养，会使他们更加深入地了解这个世界，帮助他们发育和成长。

蒙氏支招DIY

快乐，才是孩子真正的生活主题，也是爸妈的课题。发现孩子进入秩序敏感期，就要积极地配合他，给孩子提供各种便利条件，让他们尽情地享受快乐的生活。

●**留意给宝宝带来快乐的秩序之源**。生活中多留意宝宝，找到那些给宝宝带来秩序感的事物，也许是一面装饰独特的墙壁、一个放在书桌上的相框、一串挂在窗前的风铃，都有可能成为宝宝的快乐之源。宝宝因秩序而快乐，爸妈不要轻易挪动这些物品，多和宝宝一起欣赏，让宝宝充分享受秩序带给他们的愉悦。

●**多和宝宝一起玩"无聊"游戏**。在大人眼里，孩子的这种一眼看穿的"捉迷藏"游戏实在是无聊，甚至是厌烦，但宝宝认为，如果东西不是在它该出现的地方找到的，这个游戏就一点儿也不好玩了。为了帮助宝宝建立秩序感，爸妈应多陪他们玩一些让孩子"重复"找到自己的游戏，让孩子体会到秩序带来的快感。另外，"发现物品"的游戏也是宝宝的最爱，当把宝宝的小摇铃藏到毛巾下，让宝宝找到时，他会高兴地和你一遍遍重复这个游戏。

●**尊重宝宝对秩序的要求**。处于秩序敏感期的宝宝可能会出现一些成人看来不可思议的行为和举止，爸妈要给予宝宝尊重和理解，如沙发上的靠垫不许放到卧室中；衣服应该穿在身上，不可以搭在肩膀上；妈妈的头发应该长长地披在身后，不能高高地扎成马尾辫；等等。也许你会认为宝宝太死板和教条了，但如此能给处于秩序敏感期的宝宝带来快乐，我们又何不依从宝宝，满足他秩序敏感期的爆发需求呢？

蒙氏小语 ♡

秩序敏感性是一种内在的感觉，能使儿童区分物体之间的关系而不仅仅是物体本身。秩序会使宝宝产生一种自然的快乐，当他看到一些东西放在"恰当"的位置或出现在它应该出现的地方时，就会感到由衷的兴奋和愉悦。

执拗，宝宝对秩序的强势捍卫

执拗并非宝宝的错，而是爸妈破坏了他心中的既定"秩序"。不要随意给宝宝扣上不可理喻的大帽子，而是要尊重和顺应他们的意愿。

故事的天空

快3岁的冉冉最近变得很执拗，每次起床，无论有多么重要的事情，她都要一丝不苟地先穿上衣，再穿袜子，最后穿裤子，然后才下床，让妈妈梳小辫，每次都是这套程序。

一次，妈妈要带冉冉出门去参加一个同学聚会，由于急着赶时间，妈妈在冉冉穿上衣的时候帮助她套上了裤子，冉冉抗议道："我自己来。"

妈妈着急地说："宝贝儿，来不及了。"没等冉冉提好裤子又给冉冉套上了袜子。

这下冉冉生气了，边哭边揪下袜子，脱掉裤子，重新开始自己的那一套程序，妈妈的催促就像耳边风，直到按照自己的顺序穿好了衣服，才下床让妈妈梳小辫、洗漱，然后随妈妈出门。

到了聚会场所，她们母女果然是最后到的，冉冉妈妈赶紧向大家道歉。大家都是有孩子的父母，话题自然转到带孩子上来。

经过交流才发现，执拗的孩子还真不少。有的说家里门铃响了，必须孩子亲自开，如果别人开了门，他就非让客人出去，再重新开一回。有的说，下楼时孩子必须走在前面，如果妈妈先下了几级台阶，他就会非常恼火，固执地让妈妈上去，走在他的后面才行……

孩子的执拗令大家都很头疼，都说才几岁的小孩儿，非要按自己的意愿和规则去做事情，好像事情就得这么办，一点儿都不能变通。这样下去可怎么了得？若是养成执拗的怪脾气，等将来大了怎么与人和睦相处？爸妈们真是苦恼。

吕姐爱心课堂

儿童的执拗许多爸妈都领教过，有的妥协，让孩子按自己的既定规则做事；有的强硬，任凭他哭叫反抗都无用。在以往的育儿观念里，认为小孩子懂什么，不管教就上天了。

现在的爸妈们都比较开通，他们也觉得对待孩子不能一味采取斥责、打骂的方法。可是对于孩子的执拗，还是深感困惑。其实，孩子敏感期的执拗与他们的脾气大小无关，是孩子对这个陌生的世界开始有了自己的感知与认识，在他的脑海里已开始形成一些固定的"秩序"。而这个"秩序"是不能被打乱的，每个人都要遵守，一旦谁不遵守"秩序"，他就不能容忍，更不能适应。为了捍卫既定"秩序"，他就会大哭大闹，执拗地要求重新来一次。

蒙台梭利总结道："儿童需要一个有秩序的环境，按一定的规则和习惯整理环境，把环境秩序化。这说明儿童已有了内在的秩序，这个内在秩序反过来检测环境、修正环境，要求环境符合他的内在秩序。"在现实生活中，宝宝们对秩序的要求起初并未达到执拗的程度，它是随着年龄的增长而螺旋式上升的。几个月的宝宝为了秩序的破坏，往往通过烦躁、不安、哭闹来体现，一旦秩序恢复，他很快就会平静下来。随着自我意识的增强，宝宝为了维护秩序开始用频频说"不"来反抗爸妈。而到了第三阶段，他们会因秩序改变变得执拗和不可理喻，固执地坚持按自己的意愿来。这往往是爸妈感到最为苦恼的时期。其实，在幼儿敏感期中的执拗，是宝宝在构建秩序感时所具备的一种特殊品质，只有当宝宝的自我意识逐渐增强，他才能将这一秩序上升到意识层面，才会变得固执和不妥协。这，恰恰是宝宝的一种自我成长。

蒙氏支招DIY

对于宝宝的执拗，不可采取强制的措施来阻止他们，因为宝宝在秩序敏感期里的执拗是不可逆转的。爸妈要放下身段，尊重和理解宝宝的举止，千万不要和宝宝"斗智斗勇"，他们争取的是自我发展，而不是在耍脾气。

●**尊重宝宝的秩序感和行为方式**。宝宝的执拗行为是秩序感遭到挑战的结果，爸妈应多体察孩子的秩序要求，给予宝宝足够的理解和尊重，保护好他们的秩序敏感性。

●**尽量顺从宝宝合理或非原则性的需求**。对于宝宝的合理要求应尽量满足，一些"非原则"要求，只要不算过分，不做危险性的事情，也不妨给他们宽松的环境，让他们"为所欲为"好了。顺应宝宝做事，并非在宠溺孩子，而是在保护他们自发完成自我完善成长的过程。如果一味地阻止，无疑是在给宝宝设置障碍，影响到他们的发育进程。

●**不要做"帮助"的傻事**。任何干预和企图改变宝宝的行为，都会令宝宝心情不愉快。为了不打扰孩子专心做事，不要轻易去帮助他，如果有需要配合的地方，才能提出是否需要帮助，征得宝宝同意再出手。

●**随时做好安抚工作**。当宝宝因某种"秩序"被破坏而哭闹起来时，爸妈一定要显示出足够的耐心来安慰孩子，平静地陪伴在他身边，倾听宝宝的诉求，让他感觉到来自爸爸妈妈的爱，然后再协助宝宝找到解决问题的方法。如果宝宝要求"重新来一遍"，不妨花上几分钟时间按照他设计的程序再来一遍，这比帮他平息不安情绪更省时省力。放心，宝宝不会因此而变得任性和蛮不讲理，这只是宝宝发展的一个必经阶段，待我们帮助他顺利渡过这个"难关"，宝宝就会变得容易变通和懂道理了。

蒙氏小语 ♡

儿童需要一个有秩序的环境，按一定的规则和习惯整理环境，把环境秩序化，这说明儿童已有了内在的秩序。当外在的环境不符合他的内在秩序，他就不能容忍，更不能适应。为了捍卫既定"秩序"，儿童就会表现得执拗和一意孤行。

喜欢细小事物，观察力培养的好时机

> 儿童的注意力往往集中在最小的细节上，这表明儿童的精神生活的存在，以及儿童和成人具有两种不同的智力视野。忙碌的大人总是忽略周边环境中的细小事物，但儿童却常能捕捉到各种奥秘。
>
> ——蒙台梭利

🕐 阅读时间：<u>30</u>分钟　　🎓 受益指数：★★★★★

碎纸屑，令宝宝着迷

宝宝对细小东西的痴迷，源于他们对这个世界的深度探索。在他们的世界里，世间万物都是有趣的，都值得去研究。

🧒 故事的天空

周末，公园里游人如织，小孩子更多，他们就像一簇簇移动的鲜花，处处都能看到孩子欢快的身影，听到稚嫩欢愉的童言童语。卓卓妈妈不会错过让孩子长见识的机会，哪里孩子多，就把2岁的卓卓往哪里引。

小卓卓似乎很愿意独处，大多数时间都是自己玩耍，他那忽闪忽闪的大眼睛总是往地上看，而不是去看过往的人群和各种景观。这不，小家伙像发现了一堆财宝似的，冲着前边不远处银杏树下的碎纸屑跑去。

这是一堆彩色的广告纸碎片，不知道是哪个淘气孩子撕碎扔在这里的。小卓卓不顾妈妈的"不要捡脏东西"的劝阻，执意把地上的碎纸屑捡起来，收进他的小口袋里。妈妈说差不多了，咱们该走了。小卓卓的眼睛依旧在附近地上搜寻着，把散落在草丛中只有绿豆粒大的纸屑也捏起收进口袋。若不是妈妈强行牵着他的小手把他带走，他还不肯放弃"努力"。

捡碎纸屑只是小卓卓的"嗜好"之一，其实他的"爱好"很广泛，一切细小的东西，他都尽收眼底。

吃饭时，掉在餐桌下的一粒小饭粒；梳头时，落在地板上的一根头发；奶奶做针线活时，粘在她衣服上的一个小线头，都统统被卓卓——"扫荡"出来。妈妈为此很纳闷，这孩子，难道白长了一双水灵灵的大眼睛，怎么见小不见大呢？

吕姐爱心课堂

每一个宝宝都有这样的经历，他们的小眼睛出奇地好用，再细小的东西也难以逃脱他们的视线。无论是表面上的，还是藏在角落里不易被发现的，他总爱伸出小手捏起这些细小的物品，或用手指给你看。这多发生于宝宝1岁半到2岁时，此时他们开始进入关注细小事物的敏感期，这个敏感期一般会持续到4岁左右结束。

在这个敏感期里，一些色彩鲜艳的、大的东西不再像从前那样吸引宝宝的注意，而他经常会对一些细小的东西感兴趣，如在树上爬上爬下的蚂蚁、路旁不起眼的小石子、藏在沙发缝隙里的碎纸屑、衣服或被子上的小线头……这些细小的事物对于成人来说都是视而不见的，可在宝宝眼中却新奇无比，总能给他们带来数不尽的乐趣。

宝宝的观察视角与成人不同，成人喜欢用宏观、开放的眼光来看待周围的环境，所以总是忽略环境中的微小事物，而宝宝却往往更关注细枝末节，越是微小的东西他越是看得仔细。许多爸妈都弄不明白，有些小东西根本不值得去关注，可是宝宝却乐此不疲。当宝宝集中所有的注意力观察着细微的事物时，蒙台梭利告诉我们："并不是这个物体给他留下了深刻的印象，而是在他的注视下，表现他对事物的挚爱与理解。"在宝宝的眼里，这世界的一切都是美好、纯洁的，他们是在认知这个世界，是在探索并欣赏大自然的奥秘。蒙台梭利认为："儿童的天性会逐渐通过一些阶段来引导他们的智力，直到他们充分理解了周围环境中的东西，这种活动才会停止。"

1岁多的宝宝已经学会了走路，他们的肢体活动越来越灵活，能够将手的活动和整个身体的平衡协调得很好。随着宝宝手和腿的日益灵活，观察以及抓、捏细小的物品成为宝宝乐此不疲的事情，在对细微事物感兴趣的敏感力的推动下，他们的手眼

协调、精细动作、认知等都得到相应的发展和提高。宝宝的这些举动，无疑锻炼了自己各方面的能力，处在对细微事物敏感期内的宝宝很容易发现物与物之间的差异性及特质，从而使探索、辨别能力得到提高。爸妈千万不要认为孩子贪玩、不讲卫生，或认为捡些没用的"破烂"丢人，从而阻止宝宝的这一"嗜好"。相反，爸妈要耐下心来，陪孩子一起去探索。

蒙氏支招DIY

对于孩子在关注细小事物敏感期里到处寻觅小东西，爸妈没必要限制他们的行动，不妨以"欣赏"的眼光来看待孩子的这些举止。小家伙的凝神观察或伸出小手捏取小东西的举动也是蛮可爱的。

●**不要随便打断宝宝的观察兴趣**。当宝宝正在仔细观察和揣摩细小物品时，不要轻易打断和阻止他的探索欲望和举止，否则不仅会使宝宝内心深处的某种需求得不到满足而造成心理伤害，还会打消宝宝探索细微事物的积极性，容易使宝宝长大后变得粗心，对显而易见的事物视而不见。

●**别随意丢弃宝宝收集的小玩意儿**。孩子收集到的小东西，对他们来说都是宝贝，是其心智发展的需要。不要觉得孩子收集的东西既没有收藏价值也没有学习意义，堆放在家里不雅观。如果爸妈强行扔掉他们的宝贝，孩子会执意挺身护宝的。干脆找一个小盒子专门存放孩子的这些宝贝，以此来保护他们的这种行为和心理。

●**可以为孩子"创造"一些小玩意儿**。既然孩子喜欢小东西，不妨给孩子制造一些小物品，和孩子一起享受这份乐趣。如把小纸屑放到床底下让宝宝去发现，把几粒小米撒到床上让其捡拾等。这样一来，既让宝宝体会到了快乐，也加深了父母与孩子间的感情，还锻炼了他的各种能力。

●**爸妈也要警惕一些小东西**。给宝宝宽松的环境，不等于放弃监管。由于孩子小，没有辨别能力，爸妈还是要多多留心的，有潜在危险的小物品尽量不要让宝宝接触。如玩具里很小的塑料球、小粒的药丸、衣服里的干燥剂、地上的老鼠药、蟑螂药等，是绝对不能让孩子接触到的。

蒙氏小语♡

儿童喜欢关注细小的事物，并不是这个物体给他留下了深刻的印象，而是在他的注视下，表现他对事物的挚爱与理解。儿童的天性会逐渐通过一些阶段来引导他们的智力，直到他们充分理解了周围环境中的东西，这种活动才会停止。

火眼金睛，练就一双会观察的眼睛

观察，是研究的前提，也是学习的第一步。不要阻碍宝宝用眼睛去发现世界，只有看清世间万物，才能由表及里地深入了解这个世界。

故事的天空

2岁的端端兴奋地踩着刚铺好的便道砖，一边踩，一边低头看。突然，欢快的小脚停住了，他撅着小屁股目不转睛地凝视着地上的砖块。

妈妈怕他掌握不好平衡，一头栽到地上，伸手要把他拉起，说："走，咱们去那边花坛旁看天竺葵。"妈妈知道他喜欢看天竺葵，这是每天的必修课之一。

端端使劲儿挣脱妈妈的手，眼睛紧紧地盯住地上的砖块。

妈妈仔细地看了看令端端极感兴趣的砖块，并没有发现任何特别的东西。

这时，端端蹲了下来惊奇地告诉妈妈："快看，这里有一只小虫虫在动！"

妈妈也蹲下来，眼睛随着端端小手指的方向，费了好大劲儿，终于在两块砖的缝隙间，看到了一只跟砖头颜色差不多，小到不瞪酸了眼睛甚至都看不到的昆虫在缓缓爬动。没有人会留意这样一只小虫子，可是端端却能轻易发现。妈妈

觉得，既然端端对这些细微事物如此感兴趣，不妨利用他的这一特点，来引导他学会探索和细致观察。

于是，妈妈经常和端端一起去探索发现，让他更多地接触一些小事物。有一次，端端在妈妈购买的鲜玉米棒中发现了一只玉米螟，小虫子正在玉米粒间蠕动着。

为了锻炼端端的观察力，妈妈给他准备了一个小玻璃瓶，把小虫子放进去，然后，又放进去几颗嫩玉米粒，让他当宠物养着。

自从有了虫宝宝，端端观察得更仔细了，每天都向妈妈汇报小虫子的生长情况，细致到每天吃了多少、爬了几次等具体细节。

🙂 吕姐爱心课堂

宝宝关注细小事物的敏感期，也是培养观察能力的最佳时期。观察能力是宝宝发育阶段和成长道路上不可缺失的。通过宏观世界的观察，可以使宝宝的认知得到丰富，有了丰富的"知识"，才能推动和促进大脑的发育，从而开启宝宝的智慧之窗。

在儿童的世界里，探索观察是他生命里的一种特殊现象，也是一种本能。他们之所以对整个世界充满了好奇和兴趣，甚至是热爱，皆是通过细致的观察来推动的。宝宝不同于成人的地方，是成人用知识和大脑来理解世界，而宝宝则用自己的经历将环境内化了，这就是创造生命、完善生命的再造过程。所以，蒙台梭利说："儿童对细小事物的观察与热爱，是对已无暇顾及环境的成人的一种弥补。"

宝宝对细枝末节的观察，更需要专注和耐心。这不仅开阔了宝宝的视野，还使他养成了善于观察、做事专注的好习惯，为其今后的自主学习打下良好的基础。

蒙台梭利之所以强调给孩子充分的自由，就是基于让孩子不断地自我完善，他们通过自己观察得来的信息，将会被牢固地印进脑海里，远比大人的灌输来得深刻。眼睛不仅是心灵的窗口，也是信息的"摄取器"。其实，我们许多外界的信息都是通过观察得来的。观察力是宝宝发展其他能力的基础，是人类智力结构的重要组成部分。

让宝宝学会观察，可以促使宝宝在对细微事物敏感期之内自然形成主动观察的习惯。当宝宝养成这种习惯，他的所有能力都会有飞跃性进展，认知、记忆、想象、创新等都会伴随观察习惯的养成而悄然成长。

🐻 蒙氏支招DIY

宝宝对细微事物感兴趣的时候，正是培养宝宝观察力的最佳时期。在这个时期，要正确看待宝宝的行为，理解他们的探索兴趣，允许宝宝去观察各种细小物品，并通过适当的引导保护他们的观察兴趣。宝宝在丰富的教育环境下成长，自然会拥有惊人的观察与探索能力。

● **为宝宝提供观察的材料和环境。** 为了让宝宝练就一双"慧眼"，爸妈要尽量宽容和理解宝宝的探索行为，并为他提供一些锻炼观察能力的物品，如能够满足宝宝探究细微事物区别的玩具和用具，还要经常带他到户外玩耍，让宝宝在不同环境中学会观察。

● **多给宝宝创造观察的机会。** 生活中，爸妈要多为宝宝创造观察的机会，如带他一起寻找路边的蚂蚁洞；和宝宝一起观察躲在菜叶中的小虫或虫洞；打扫卫生时，让宝宝做"探雷器"，专门负责寻找、发现地面及角落中的细小物品。只要爸妈有心，到处都是培养宝宝观察力的课堂。

● **在大自然中学会观察。** 大自然是最好的学校，大自然中有太多供孩子观察的东西，如小树叶、小石子、小果实、小昆虫，都会令宝宝痴迷。爸妈也可以参与其中，当一回儿童，陪同宝宝一起去寻找乐趣，积极回答宝宝提出的问题，这不仅可以培养宝宝的观察能力，还可以开阔宝宝的视野，促进其思维能力的拓展。

● **给宝宝动手的机会，培养做事认真细致的好习惯。** 宝宝喜欢捡树叶、收集小石头、抓昆虫，不要阻止他，而是要全力支持和鼓励他，哪怕宝宝正在摆弄又脏又臭的"垃圾"，也给他这个机会。宝宝在做事的过程中注意到了某个细微之处，要及时给予表扬，培养宝宝做事认真细致的好习惯。

蒙氏小语 ♡

　　在儿童的世界里，探索观察是他生命里的一种特殊现象，也是一种本能。所以，他们对整个世界充满了好奇和兴趣，甚至是热爱。在他们的耳朵里、眼睛里、嘴里、鼻子里、手上都蕴藏着巨大的探索的能量。

动作敏感期，
激发与生俱来的生命能力

　　动作敏感期是儿童成长中最容易观察到的一个敏感期。从出生到6岁，儿童通过一连串的动作来激发其与生俱来的生命能力，在与环境的互动中，逐步健全和完善自己身体的各项发展。这不仅能帮助儿童养成良好的动作习惯，也能促进其智力的发展。

——蒙台梭利

🕐 阅读时间：<u>25</u>分钟　　　🎓 受益指数：★★★★★

走，只是快乐地走

　　走，是宝宝迈向独立生存的第一步。当宝宝不辞辛苦并乐在其中不停地走时，不要强迫宝宝停下蹒跚的脚步，让他去尽情享受行走的快乐吧！

📖 故事的天空

　　小伊帆刚学会走路，就像一只上足了发条的闹钟，几乎一刻也不愿意停下来。只要一睡醒，就摇摇晃晃、歪歪斜斜地走。

　　妈妈觉得这回自己可算解放了，以前都是推着婴儿车或是抱着他到处逛，这回他能自己走了，省去太多麻烦。

　　妈妈高兴得有些早了，虽然解放了胳膊，却几乎喊破了嗓子，遛细了腿。这不，早上一起来，趁妈妈收拾床铺之际，小家伙就钻到床底下找乐去了。妈妈叠好被子，却找不到孩子了。千呼万唤，小家伙才从床下钻了出来，鼻子上、额头上蹭了不少灰尘。妈妈一边批评着儿子，一边拉起他的小手到卫生间洗脸。

　　从一个处处借助他人的腿到处观花望景，到能自如使用自己的两只小脚丫，1岁半的小伊帆一下子成了"小小活动家"。一会儿走到卧室去翻柜子，一会儿来到厨房看妈妈做饭，家里人怕他活动过多，累坏了小身板，多次劝他停下来歇一会儿。

　　这些疼爱他都当成了耳边风，只是不停地走，快乐地走。即使已经累得满头大

倾情解读蒙台梭利早教精髓

汗，他的小脸也挂着笑。听到鸟叫，他嘴里喊着"小鸟，小鸟"，迫不及待地走到院子里要和小鸟交朋友。小鸟扑棱棱地飞走了，他又走到院中的枣树下看蚂蚁搬家。不一会儿，大门外传来邻居孩子开心的笑声，他又向大门口走去。

妈妈总是跟在他的后边，时刻张着双臂，好在他走不稳时及时出手相扶。一天下来，比抱着他还要累。

🙂 吕姐爱心课堂

蒙台梭利说："走路使儿童从不自由、需要帮助的状态中解脱出来，是儿童的第二次生命。"是啊，宝宝的开步走是飞跃性的进步，他们告别了躺卧时代，结束了局限的生活。通过随意行走，对这个大千世界有了更全面的了解。当宝宝学会了走路，他的内心世界也随之发生巨变。因为他不必依赖于成人而进行各种活动了，活动范围迅速扩大。此时，当自己看到一个喜欢的东西，就能走过去看或拿，这是一个多么大的突破啊，意味着生活从此开始由他自己支配。

从宝宝学会行走的第一步开始，就预示着他进入行走的敏感期阶段。其实，走的敏感期早在宝宝7个月时就开始"崭露头角"了。当妈妈双手叉在他腋下，小家伙不停地蹦跳，就是在为将来走路打基础。在蹦跳时，无形中锻炼了肌体协调能力、平衡能力，使自己的腿部力量得到加强。此时，他还愿意在大人的牵手下，一步一步艰难地迈步，这都是在为将来能独立行走打基础。

当他们刚开始学会走步时，仿佛是受到一种不可压抑的动力驱使，喜欢不停地走，并乐此不疲，这时大人想拦都拦不住。他们根本不知道什么是"累"，更不肯停下来歇歇，他们的信念中仿佛只有一个字——走。正是靠着这种不懈的努力，宝宝逐渐取得平衡和获得稳健的步伐。

独自行走，对于宝宝来说，意味着对自己的征服。通过个人的努力学会走路，是他走向独立的标志，使他从不能自主变成了一个积极主动的人。当然，在第一步迈出之后，他仍然需要不断地练习。对于处在走路敏感期的宝宝，不

要过度干扰他的行动，更不要出于安全的考虑，用很多障碍物把他包围起来，这些障碍物很可能会无情地剥夺宝宝自我成长的机会。

🐻 蒙氏支招DIY

　　孩子既然喜欢行走，就由他去"走"好了，这样不仅可使宝宝腿脚的肌肉得到很好的锻炼，大脑思维能力也会得到提高。因为宝宝大脑传导网络的健全和大脑功能的提高，是随着他们的运动按顺序一步步发展和完善起来的。所以，宝宝有了学走路的欲望，爸妈就要大胆地让宝宝自己走。

　　●**果断地弃掉婴儿车和学步车**。宝宝到了1周岁，大多都可以独立行走了，不要为了安全让宝宝整日待在学步车中，或是去哪都用婴儿车推着宝宝。要多给宝宝自由行走的机会，不要怕他累，更不要嫌他磨蹭，或怕把衣服弄脏而强行把他抱起来。

　　●**理解宝宝走路的"疯狂"**。在行走的敏感期，宝宝会发狂般走路，这是宝宝在学习和完善他的新技能。但是，由于宝宝个子小，走路又不稳，为了保护宝宝，爸妈不得不跟在他的后面，时刻准备弯腰去扶他。这使爸妈感到非常劳累，宁愿把他抱在怀里也不愿一直弯腰跟着宝宝走。尽管如此，爸妈也一定不要厌烦，要理解宝宝的成长需求，等他过了这个阶段，就不会有这么高的走路热情了。

　　●**教宝宝不同的走法**。练习走路的方法很多，当宝宝走得很稳健后，可以让他练习往前走、后退走、侧身走等各种不同的走法，有意识地锻炼宝宝的各种行走能力。也可让宝宝在各种质地不同的路面上行走，帮助他们掌握这一重要的运动技能。

　　●**做好保驾护航工作**。当宝宝开始学走路、爱上走路之后，要及时给他们创设一个安全的行走环境。在家中行走时，最好不要让宝宝靠近有棱角的家具，更要远离电源、燃气灶和热水瓶等有潜在危险的器具。地面湿滑时，要提醒宝宝绕开走；发现前方出现障碍物时，应及时为宝宝消除安全隐患。总之，无论是在室内，还是在室外，爸妈都要时刻跟随在宝宝身后，做好保驾护航工作。

😊 蒙氏小语 ♡

　　如果宝宝想自己独立行走，我们必须允许他们如此，因为所有的发展力量都必须通过实践才能得到发挥，在具备了基本能力之后仍然需要实践的帮助。

宝宝热衷于玩"高难度"

不经历风雨难见彩虹，宝宝的身心发展，需要经过"锻造"，当宝宝热衷于不按常规去行动时，说明他已经开始在磨炼自己。

📖 故事的天空

学会走路的牛牛真的开始"牛"了起来，整天热衷于玩"高难度"。2 岁的小家伙就喜欢别出心裁，放着平坦的道路不走，专爱走坑洼不平的地方。见到台阶更是不放过，一定要来来回回上下几次才过瘾。

有一段时间，他特别喜欢走带有坡度的路面，上坡还算轻松，咚咚咚地就上去了。下坡时可就难多了，由于还不能很好地控制身体平衡，每迈一步都双腿发颤。他紧张地张着小嘴，几乎蹲在地上，两只小手快要触到地了，不过最后他还是走了下来。妈妈劝说他去别的地方玩，他却执拗地非要去爬坡。第二次要比第一次顺利些，通过几次上上下下，牛牛的下坡速度越来越快，并轻松自如起来。这时即便有人突然出现在他面前，牛牛也能把脚步刹住，等来人过去后再走下来。

妈妈并不担心他累着，而是怕出危险。可是牛牛却总是一副天不怕地不怕的样子，越是高难度的动作越要挑战。

自从能轻松地走上下坡路后，

他对马路牙子又产生了兴趣。一开始，要妈妈搀扶着走，后来就脱离了妈妈的辅助，自己独自练起了平衡。他伸开两只小胳膊努力保持着身体的平衡，小心翼翼地在上面慢慢走着，紧张得他小鼻头都渗出了汗珠。妈妈担心之余，又被他那专注的神情逗乐了："哎，这孩子，何必总是为难自己呢？"

吕姐爱心课堂

带过孩子的妈妈都知道，宝宝学会走路后，会变得更加淘气。平坦的道路对他们没有什么太大的吸引力了，那些高低不平的路或楼梯成了他们的最爱。爬楼梯，下地下车库，马路牙子上、花坛矮围墙的平台上，都能看到一些爱冒险的小家伙在摇摇晃晃地走着，如果身边的大人劝阻或搀扶，他们往往不听话、不领情，执意要自己来。

这可真是一群小淘气。宝宝为什么喜欢给自己找麻烦，挑战这些高难度动作呢？是宝宝太顽皮，是为了探险，还是为了显摆自己的能耐？

蒙台梭利告诉我们："儿童的这些行为并不是为了达到某些外在的目的，他们是为锻炼自己的协调能力提供机会，只不过是满足了内心的某种欲望而已。"在宝宝走路的敏感期中，他们是一个自由、活跃的个体，这些看似为难自己的高难动作，并不是宝宝太顽皮或淘气，而是一种内在的本能催促宝宝借助这些动作，来锻炼自己控制身体平衡的能力。

1岁半至2岁的宝宝正处于平衡能力发展的关键时期，蒙台梭利说："人的平衡能力的获取不是一件容易的事情，它是一种必须经过长期不断地锻炼才能获得的技能。儿童在运动中可以通过自主地控制、运用器官，得以实现自己的意志，这是儿童智慧成果的外在展现。"

平衡能力是人体不可缺少的一种能力，是一个人身体综合素质的体现。宝宝平衡能力不足，不仅会使坐、爬、站立、行走、跑、跳等姿势或运动发展迟缓，还会影响到宝宝的认识能力及智力的发育。

宝宝的平衡能力来自日常的锻炼，他们是通过走、跑、跳等基本技能来发展身体协调性和平衡感的。所以，对于一个学会行走的宝宝，爸妈应为其创造条件，让宝宝有机会进行练习、实践，以最大限度地发挥他们的能力。

蒙氏支招DIY

平衡能力不仅是一项运动能力，而且与整个身体协调性有关。所以，当宝宝走路平稳了以后，可以有意识地为宝宝提供平衡锻炼的机会，帮助宝宝掌握身体的协调性和平衡能力。

●**让宝宝爬爬楼梯**。上下楼梯是这个阶段的宝宝最喜欢干的事，爸妈不要怕危险而阻止宝宝，只需在一旁做宝宝的"保镖"即可。待宝宝走得平稳后，可让宝宝在下到最后一级台阶时双脚同时跳下来，这对宝宝身体的协调性、柔软性以及智力发展都有很大好处。

●**多和宝宝做踩线练习**。在地板上或室外平整的场地，用粉笔画一条直线，让宝宝沿线行走。爸妈可先陪同宝宝一起走，然后再让宝宝自己练习走，一次走不直没关系，多次练习就能走得很好了。

●**在马路牙子上"开火车"**。多数宝宝都喜欢走马路牙子，爸妈可以同他玩开火车的游戏，让宝宝当小司机在前边开车，爸妈在后边乘车，看谁坚持的时间最长。尽量选择宽度适合的马路牙子，且距离地面不要过高，以10厘米以内为宜。

●**跨越障碍游戏**。在地面上放一个小玩具，或者画个圆圈，让宝宝从上面跨过去，也可以让宝宝一连跨过几个障碍物。这个游戏不仅可以锻炼宝宝的平衡能力和身体协调性，还能锻炼宝宝的果敢品质。

●**有趣的端水练习**。用塑料小碗或小盆盛上水，注意不要太满，让宝宝练习端水走路，要求坚持"一碗水端平"而不洒。

蒙氏小语 ♡

　　人的平衡能力的获取不是一件容易的事情，它是一种必须经过长期不断地锻炼才能获得的技能。儿童在运动中可以通过自主地控制、运用器官，得以实现自己的意志，这是儿童智慧成果的外在表现。

充满智慧和灵性的小手

手是人体最灵活的器官，其不仅能帮助人生存，还具有智慧和灵性。无论多高难度的动作，无论多么绝美的艺术品，都需要用手来完成。

👧 故事的天空

和和有一双灵活、好动的小手，看到什么东西，都愿意去摆弄摆弄。这不，趁妈妈不注意，他又把妈妈的化妆包翻了个底朝天，把口红插来插去，眉笔也成了他的画笔。他还喜欢用瓶盖舀水往另一个瓶盖里倒，或是拿两个杯子不停地把水倒来倒去。就连家里的垃圾桶，也时常感到自己"厄运难逃"，一天到晚不知会被和和"清空"多少回。

爸爸妈妈带和和去看大海，有心的妈妈在行囊里装上他常玩的铲子、小桶。在沙滩上，和和用铲子铲沙子，用小桶倒沙子，乐此不疲。而爸爸妈妈去海边享受阳光，远眺海景。当和和玩腻了沙子，就拎上小桶，站在水边迎着层层涌来的波浪，舀水、倒水，有时还和爸爸泼水。小家伙灵活的动作、天真的神情，招来许多人驻足观看。

和和就是在玩耍中，锻炼出来一双灵活的小手。平时，他喜欢把摆好的小椅子搬来搬去，喜欢帮助妈妈扫地、擦桌子，尽管刚开始时常常会给妈妈找麻烦，比如把果汁

倾情解读蒙台梭利早教精髓

洒一地，地越扫越脏，桌子越擦越花，但时间长了，和和的动作越来越准确，麻烦越来越少了。

最让妈妈无比骄傲的是，一个不足3岁的孩子，却能用剪纸的小剪子把一个图形从纸上剪下来，而邻居家比他大两个月的兵兵连剪刀还不会使用呢！

吕姐爱心课堂

手是人生存的"工具"，拥有一双灵巧的手，是生命的保障。宝宝的小手也有敏感期，几个月的宝宝就发现了原来自己的手是可以抓、拿东西的，于是他们便急切地用手去摸去捏，去扔去拽，这都是宝宝在感知和认识这个世界。手的敏感期是一步步向孩子走来的，一般来说，从出生到6岁都是手的敏感期，而手的精细动作敏感期最突出的是1～3岁。在这个阶段，宝宝的小手对周遭的事物充满了热情，他们发现门把手是可以转动的，抽屉是往外拉的，开关是可以按的，垃圾桶是可以倒空的，这一切在宝宝眼里，是如此有趣和神秘，于是，他们的小脚走到哪儿，手就会触摸到哪儿。

蒙台梭利曾经说过："正是通过手的活动，儿童才能发展自我，发展自己的心灵。手的技能与心理发展紧密相连，如果没有手的帮助，儿童的智力可以发展到一定水平，但如果有手的帮助，儿童的智力可以发展到更高的水平，其性格会更加坚强。"

医学上也证明了这一点，手连着大脑，手的活动又受到大脑的支配。宝宝手的动作，尤其是手指的动作越复杂、越精巧、越娴熟，就越能在大脑皮层建立更多的神经联系。越是聪明的宝宝，其动手能力也就越强。

把手比作宝宝的第二大脑一点也不夸张，可以说，孩子的学习都是通过手来进行和获得的，他们用手去体验冷热，用手去感觉轻重，用手去试探深浅等。细心的妈妈会发现，宝宝无论做什么事情，都离不开他的小手。他们正是在反复的操作中满足了小手塞、敲、插、拧、倒、剪等小肌肉动作发展的。

当宝宝手的敏感期到来时，爸妈不要嫌宝宝的小手添乱，他可能会痴迷于将瓶盖不断取下再盖上，把橱柜的门一次次打开又关上，把两个杯子里的水倒来倒去，喜欢玩水、玩沙，喜欢在妈妈干活时"出手相助"，这都是宝宝在进行自我成长。蒙台梭利说："儿童只有学会运用自己的双手，才能获得自身的发展。"所以，爸妈千万别做出阻止宝宝动手的蠢事来。因为手部动作敏感期具有暂时性，如果错过了敏感期，宝宝的兴趣就会转移，从而失去这个锻炼手的绝好机会。

蒙氏支招DIY

不要怕宝宝成为一个小小的"破坏家"，应为他创设一个动手的良好环境，促使宝宝用手去感知和探索未知的神奇世界。

●**为宝宝提供必要的"工具"**。只有多动手，宝宝手部的小肌肉才能得到充分锻炼，所以爸妈应多为宝宝准备一些能够锻炼小手及手眼协调能力的"工具"。如积木、插塑、拼图、七巧板、穿珠、橡皮泥、剪纸等，这既锻炼了手部小肌肉，又发展了宝宝的智力。

●**在家庭生活中要让宝宝多动手**。宝宝爱动手，爸妈可以就此机会让宝宝自己整理玩具，使他们养成良好的生活习惯。在穿衣服时，尽量让宝宝自己穿，自己亲手系鞋带。妈妈做家务时，也可邀请宝宝来帮忙，擦桌子、扫地、洗衣服、拧抹布等，宝宝一定会十分乐意参与的。在锻炼小手的同时，也培养了宝宝爱劳动的品质和生活自理能力。

●**别阻止宝宝的游戏**。处于手的敏感期的宝宝可不管什么干净不干净，只要是能够拿到的东西他都要体验一番。他可能会把香蕉抓捏得稀烂，把面包捏碎。他还喜欢玩水、玩沙、玩面，甚至玩烂泥。理解和宽容宝宝这些淘气的游戏吧，他们的所有动作和行为都是有原因和目的的，这是宝宝成长的需要，我们应让宝宝按照自己的想法去自主地运用他的小手。

🧒 蒙氏小语 ♡

　　手的技能与心理发展紧密相连，如果没有手的帮助，儿童的智力可以发展到一定水平，但如果有手的帮助，儿童的智力可以发展到更高的水平，其性格会更加坚强。

爸妈私房话

第三章

生活细节，让宝宝在日常生活中学会自我管理

日常生活练习是蒙台梭利教育的起点。通过观察，她发现儿童能够长时间将注意力集中在自己穿衣、清洁、整理物品等事情上，这是儿童为建构自己，能更好地适应生活的本性。蒙台梭利认为生活即教育，让儿童自己独立打理日常生活，不仅能让他们体会成功与快乐，还能让他们在自我服务中学会自我管理，变得更独立、更自信。

讲卫生的宝宝，人见人爱

讲卫生，是对健康做出的保证，健康可使生活达到质的提升。身体是否清洁，影响到孩子的尊严，干干净净的宝宝必将受到更多人的喜爱。

——蒙台梭利

阅读时间：25 分钟　　　　受益指数：★★★★★

洗洗小手讲卫生

宝宝的小手是细菌集结地，他们到处与各种物品"亲密接触"，在感知未知世界的同时，也给健康带来了隐患。

故事的天空

3岁的然然坐在阳台的小桌前，开心地捏着他心目中的小花狗，各色橡皮泥摆了一桌子，两只小手自然是五颜六色。妈妈的一声"开饭"，然然才恋恋不舍地放下只是捏成一个条状的橡皮泥，向餐厅走去。餐桌上有他最爱吃的烧鸡腿，然然吞咽着口水，伸出彩色的小手抓起鸡腿就要往嘴里塞。

妈妈赶紧制止道："跟你说过多少遍了，饭前便后要洗手！不洗手，细菌吃到肚子里就会肚子疼。怎么就是记不住呢？"

然然只好放下鸡腿，去卫生间洗手。两只小脏手只在脸盆里沾了一下水，便伸手去拿毛巾，他认为自己已经洗干净了。

妈妈知道他准会这样，便抓住他的小手，在水盆里洗着，边给他讲解洗手方法，边说不讲卫生的危害。

然然却是一副不管不顾的神情，要么不配合，要么要求自己来。有几次妈妈答应了他的请求，结果两只小手在水盆里不停地拍击着水，就是不肯好好洗，至于香皂更是看都不看，还把香皂扔到地上，把香皂盒放到水盆里当小船推来推去。

像这样的场景，在家里经常出现。妈妈很是发愁，哎，这孩子怎么就这么不爱讲卫生呢?

吕姐爱心课堂

病从口入，是人人皆知的道理，而手与口接触的机会是最多的。手脏，就意味着潜在的健康威胁。

宝宝喜欢到处走动，他们的小手触摸的东西就更多了，到处抓、摸、拍，小手极易沾上细菌。然后，再用这双小脏手抓食物、揉眼睛、摸鼻子，没准儿一时兴起，还将手指伸到嘴里品尝滋味。宝宝玩得痛快的同时，妈妈却来了大麻烦，时刻不忘"监管"宝宝，一旦发现弄脏了小手，就赶紧为他清洗，担心不讲卫生的宝宝将细菌悄悄带入体内，使他们的小身体遭殃。

在蒙台梭利的儿童之家，她把卫生习惯作为重点，将它贯穿于对孩子的教育及各种感官训练之中。她特别强调一个人的卫生问题，在教育中给孩子们安排了许多练习洗手的机会，不仅在一天的开始，教员要仔细检查孩子的双手是否干净，而且在许多感觉训练之前，洗手还被当作必要的准备。正是如此，儿童之家里这些来自穷苦家庭的孩子不仅懂得了爱干净、讲卫生，连他们的父母也跟着有了很大的变化。

宝宝不爱洗手，和爸妈的教养有关。比如从小没给宝宝养成勤洗手、讲卫生的好习惯；宝宝想自己洗手时，爸妈怕弄湿袖子或地面，过多地包办代替，剥夺了宝宝洗手的权利；宝宝有洗手水过烫、过凉的经历，而导致了畏惧心理等。双手经常保持干净，可以大大减少手上所携带的各种病原菌，是宝宝健康的"防波堤"。因此，爸妈一定要在日常生活中教会宝宝洗手，让宝宝养成爱清洁讲卫生的好习惯。

蒙氏支招DIY

手的清洁，直接关系到宝宝的健康。为了宝宝少生病，养成讲卫生的好习惯，爸妈要从小培养宝宝主动洗手、爱洗手的意识，从而有效预防病菌的侵害。

●**给宝宝独立实践的机会**。爱动是宝宝的天性，他们喜欢"亲力亲为"，爸妈要给宝宝自己实践的机会。当宝宝有了自己洗手的要求时，不要怕宝宝把衣服弄湿或将水洒得满地都是，就代替他来完成洗手任务，这不利于宝宝的成长。应抓住宝宝爱洗手的兴趣，引导他学会正确洗手。

●**宝宝的用品要专用**。为宝宝提供适合他身高和大小的洗漱设备。香皂的大小也要适合宝宝的小手，最好为宝宝选购儿童专用香皂，一是便于使用，二是刺激性小，利于身体健康。宝宝的毛巾更是不能与他人混用，且用后要及时清洗和消毒。

●**调配好适宜的水温**。宝宝的肌肤细嫩，经受不住过冷过热的水的刺激，所以，爸妈要调配好水温。

●**宝宝洗手前的准备工作**。引导宝宝站在脸盆前，告诉宝宝袖子一定要卷起来，否则把手伸进水盆里时袖子就会被弄湿。卷好袖子后，先让宝宝用指尖试试水温，感觉一下冷热，以免猛然把双手伸进盆里，如果水温过高，容易烫着宝宝，还会使他产生畏惧心理，不愿主动洗手了。

●**指导宝宝这样洗手**。宝宝沾湿小手后，开始打香皂，先洗手心，后搓手背，接下来洗手指，最后双手互相搓洗。所有的部位都要顾及到，手指间、指甲缝、手腕部都是重点，不可忽略。搓洗程序完成后，换成同样温度适宜的清水，让宝宝把残液清洗掉，或在流动的水下冲洗双手，最后用毛巾擦干。

●**要让宝宝有成就感**。等宝宝洗干净后，一定要让宝宝自己欣赏一番，此时，爸妈不要吝啬赞美之辞，好好夸夸宝宝，使其产生一种成就感，下次自然愿意主动洗手了。宝宝学会了洗手后，要告诉宝宝手脏了要及时清洗，还要让他养成饭前便后洗手的卫生习惯。

🧒 **蒙氏小语♡**

只有双手保持干净，才能有效预防各种病菌的侵入，从而让孩子拥有一个健康的身体。

脸蛋，因洁净而美丽

脸面是人的名片，这块招牌是需要天天保持干净的。没有谁愿意和一个脸上脏兮兮的人交往。小朋友间更是如此，他们会毫不留情地嘲笑脏兮兮的小脸，甚至明确地表示不愿意与之交往。

故事的天空

2岁的亮亮不喜欢别人摸他的小脸蛋儿，更不喜欢洗脸。早上一起来，就和妈妈"闹别扭"，听到"宝宝来洗脸"后，他要么躺在床上耍赖，任凭妈妈来拖拽也不起床，要么趁妈妈去放热水时，钻到床底下藏起来。给孩子洗脸，成了妈妈心头的一块病。

给亮亮洗脸可不是一件容易的事儿！先是要把他半拖半抱地弄到卫生间，妈妈一手抱着他，一手拿着毛巾，趁机在他左扭右晃的小脸上擦一把。有的时候，他还挣脱妈妈的手，飞快地跑出去。等强制性给他洗完脸，他却张着小嘴把刚洗干净的脸哭得满是泪痕。

不喜欢洗脸，自然不会有保持卫生的好习惯。亮亮的小脸总是脏兮兮的，鼻涕、果汁、泪痕时常挂在脸上。妈妈看着脸红，在人前有些抬不起头，小家伙却没有丝毫的羞耻感，依旧风风火火与小伙伴们一起快乐玩耍着。因为这样，亮亮妈妈总是在塑料袋里放一条湿毛巾，以便及时擦去

孩子脸上的脏痕。

在一群小孩子中间，大多数孩子的小脸儿都是干干净净的，与亮亮同样不爱洗脸的还有快3岁的小女孩燕燕。燕燕妈妈和亮亮妈妈一见面，就聊她们之间共同的话题，即如何才能让孩子顺顺利利地配合洗干净他们的小脸。

吕姐爱心课堂

脸面是一个人的招牌，是形象的代言，孩子不爱洗脸不是一个好习惯。在蒙台梭利教育中，有教家长怎样循序渐进地引导儿童爱上洗脸，养成正确洗脸的好习惯等方面的内容。

孩子不爱洗脸，甚至是拒绝洗脸，有很多原因。如洗脸水过烫或过凉，让宝宝感到不舒服，他们就不爱往脸盆前凑。有的爸妈下手较重，一张大手在孩子脸上擦来蹭去，弄疼了宝宝，他们当然要反抗了。还有呛过水、毛巾粗硬等，都是宝宝拒绝洗脸的原因。

宝宝小脸脏兮兮地出门，除了遭人笑话外，还有健康的隐患。他们在玩耍时，并不会像大人那样考虑卫生的问题，有时还故意把脸贴在满是灰尘的玻璃上，去感觉那份亲密的接触。在玩捉迷藏时，往满是灰尘的墙角里钻，手刚抓过脏东西，就去伸手抹脸上的汗。孩子娇嫩的肌肤往往就这样被"污染"了，如果不及时清洗，那些到处找机会的病菌就会大肆趁虚而入。所以，养成爱清洁的好习惯非常重要。

许多爸妈都知道清洁的重要性，只是对不爱洗脸的孩子往往没有耐心，大都像亮亮妈妈那样采取强制措施，把孩子拖过来，一手按着他的小脑袋，另一只手在脸盆和孩子脸上来回忙活。孩子在这粗暴的胁迫下，肯定会大哭大叫，心烦气躁，结果脸是洗过了，很快又被泪痕"污染"。这种强制性的洗脸方式会令孩子产生恐惧感。因为孩子在洗脸时，需要弯腰把头向前伸，脸向下对着水盆，孩子会感到呼吸困难，这样的姿势就是大人也不舒服，何况孩子。所以，爸妈不能强行要求宝宝配合，完全不顾宝宝的心理感受，觉得洗个脸就是几分钟的事情，将就一下就过去了。这样不仅不能让宝宝学会正确的洗脸方法方式，还容易对宝宝造成直接或潜在的心理伤害。

其实，宝宝对水有一种自然的亲近感，喜欢玩水。不妨就宝宝这份喜爱，借机引导他学会正确的洗脸方式。等他们掌握了基本要领，动作娴熟时，自己就会主动去洗脸了。习惯成自然，关键是爸妈要有足够的耐心去引导。

蒙氏支招DIY

引导孩子洗脸，主角就应该是宝宝，爸妈在场外指导即可。只有这样，宝宝才能有兴趣走近脸盆，欣然洗脸。

●**在宝宝好心情的情况下安排洗脸。**在对宝宝进行洗脸练习时，如果宝宝心情不佳，不愿意洗脸，不要勉强他，可以先和宝宝玩一会儿，等他情绪高涨时再提出去洗脸，宝宝这时一般不会拒绝，而且很愿意听从指挥，服从指导。

●**给宝宝做正确的洗脸示范。**爸妈在早晚洗脸时，应给宝宝做好正确的示范，动作慢一些，每个步骤都要让宝宝仔细观察，使宝宝感觉洗脸是一件很好玩、很轻松、很舒服的事，让宝宝对洗脸产生期待。

●**漂亮的洗脸用品对宝宝的召唤。**给宝宝准备好一切用品，一盆清水、香皂、毛巾是必不可少的。脸盆放置的高度要适合宝宝的身高，使宝宝站在那里洗脸感到很舒服。毛巾也要放在宝宝伸手能够到的地方，方便宝宝拿放。宝宝的洗脸用品最好选择那些色彩鲜艳、具有可爱卡通图案和形状的，这些漂亮的物品会吸引宝宝的注意，并召唤宝宝，使他对洗脸充满兴趣。

●**教宝宝正确的洗脸方法。**先让宝宝洗净双手，然后用双手捧水往脸上撩，眼睛要先洗到，方法是闭上眼睛，用手指轻轻揉搓，然后用双手在脸上揉搓，脸部清洗动作是先由上至下，再由中间至两边清洗揉搓。洗脸时一定不要忽略了耳朵和脖子的清洗，在洗耳朵时，捧起少量水即可，以免水进入耳道。脖子可以用些力揉搓。整个过程结束后，开始打香皂，揉搓出泡沫，再用清水洗掉，最后用干净毛巾擦干所有洗过的部位。

●**照镜子进行自检。**当宝宝洗完脸后，一定要让宝宝对着镜子自检一番，看哪里没有洗干净。指导宝宝再洗一遍后，再照一下镜子进行对比，让宝宝看看，镜中干净的小宝宝多么漂亮！

蒙氏小语 ♡

孩子是父母的影子，人们总是爱从孩子身上推测父母的样子。因此，我们一定要从小教会孩子学会正确的洗脸方式，让他们养成注重个人仪表、讲究卫生的好习惯。

一起快乐"洗刷刷"

刷牙应该是生活常态，每天都要坚持的。洁白的牙齿不仅为个人形象加分，还是身体健康的通行证。

故事的天空

星期天的早上，3岁的小凌燕正准备去刷牙，门铃突然响了起来。妈妈打开门后，强强举着他那乌黑的"冲锋枪"，嘴里"哒哒哒"地喊着，率先冲了进来。身后的妈妈赶紧拉住乱冲乱撞的儿子，要求他安分些。

两家的妈妈是老同学，孩子间自然也不陌生。

小凌燕有礼貌地陪同和自己同岁的强强玩了一会儿，说要去刷牙了，便向洗漱间跑去。

强强妈妈惊讶地问："怎么，才3岁就会自己刷牙了？"

凌燕妈妈笑笑："已经有两个多月了。"

强强妈妈觉得不可思议，说孩子这么小，牙刷都拿不稳，还能会刷牙？随后也跟到洗漱间去看。

小凌燕有一套漂亮的牙具，现在正端着小牙缸，举着挤好牙膏的牙刷准备刷牙。见强强妈进来，小凌燕停下来，礼貌地说："阿姨好！"

强强妈妈喜滋滋地看着小凌

倾情解读蒙台梭利早教精髓

燕，说："宝贝儿，快给阿姨刷一下看看。"

小凌燕大方地刷着牙，动作虽有些笨拙，但程序没有错，看得强强妈妈都合不拢嘴了，连连赞道："真棒，真棒！"

这时，强强也风风火火地跑进来看，那眼神也是羡慕的，好想拿起小凌燕的牙刷往自己的嘴里塞。

强强妈妈向凌燕妈妈讨经验，说："你看强强那口小黑牙，都有好几个牙洞了，别说刷牙了，就是洗脸还天天强制性执行呢！"

凌燕妈妈笑着说："教孩子学刷牙可不是一天两天的事儿，走，咱们去客厅，我讲给你听。"

吕姐爱心课堂

生活中我们经常见到一些孩子，小小的年纪就出现牙痛、牙菌斑、乳牙松动脱落等各种各样的牙病。照理说，2～3岁的孩子正处于长牙阶段，刚刚长出的小乳牙怎么就出了问题呢？

这和爸妈不注意宝宝的口腔卫生有关。孩子们大都爱吃甜食，有的小宝宝还喜欢在睡前进食甜食、酸奶等，这都对宝宝的牙齿不利。如果在吃过甜食后，不及时清洁口腔，各种牙病自然就会悄悄找上门来了。

保持口腔清洁最有效的方法就是刷牙。当宝宝第一颗乳牙长出时，爸妈就应该给宝宝"刷牙"，可以用纱布或棉签蘸温水擦洗牙面，帮助宝宝去除牙上的细菌。宝宝长到2岁后，手部力量和手指小肌肉的活动能力都有了很大的发展，动作比较灵活了，这时可以教宝宝学会自己刷牙。经过一年的训练，等宝宝到3岁时，就可以独自完成刷牙任务了。

蒙台梭利认为："一个人如果在婴幼儿时期养成好习惯，其内在的对秩序的敏感性就会使其把这个习惯保持下去。"为了宝宝拥有一口健康、洁白的牙齿，爸妈应从小帮助宝宝掌握正确的刷牙方法，并教宝宝养成早晚按时刷牙的好习惯。这对于宝宝来说，是一劳永逸的教育。

当然，教宝宝学刷牙不是件容易的事。刷牙是一项协调性很高的活动，宝宝刚开始学时可能刷不干净，爸妈尽量不要去干预，应在宝宝刷完后再补刷一会儿，并指出和纠正不正确的姿势和方法，让宝宝有自己练习的时间。慢慢地，宝宝就会养成自觉自愿刷牙的好习惯，和你一起快乐地"洗刷刷"了。

蒙氏支招DIY

2岁多的宝宝正处于探索欲望和独立意识高涨的阶段，爸妈应抓住这一有利时机，引导宝宝学会和爱上刷牙。如果宝宝觉得"刷牙很好玩儿"，自然就会积极主动去学习和模仿了。

●**先教宝宝学会漱口**。漱口是学刷牙的前提，如果宝宝不会漱口，就有可能把刷牙水咽到肚子里去。妈妈先示范性地喝一口水吐到盆里，然后让宝宝模仿。待宝宝能熟练吐水后，再教宝宝把水含在口中，闭住嘴，鼓动两腮做运动，让水与牙齿、牙龈及口腔黏膜表面充分接触，然后吐出口中的水。漱完口后用毛巾拭去嘴边的水滴。当宝宝学会正确漱口后，再教宝宝学刷牙。

●**为宝宝选购心仪的牙具**。儿童牙刷、儿童牙膏、水杯，是宝宝不可缺少的牙具。为了让宝宝喜欢上刷牙，在选购牙具时，一定要带上宝宝，由他自己来选择，并告诉宝宝，这是他自己专用的，每次刷牙时就用这些牙具。这会使宝宝有一种自豪感，觉得自己也和爸爸妈妈一样都是大人了，从心理上愉悦地接受刷牙。

●**质量有保证的牙刷很重要**。由于宝宝的口腔黏膜比较娇嫩，在选择牙刷时要根据宝宝的年龄及口腔大小，选择那些刷头较小、刷毛较软，并且刷毛尖端经过磨制处理的牙刷。为了让宝宝爱上刷牙，一个质量可靠的牙刷是必不可少的，因为劣质牙刷不仅刷不干净，还容易伤害宝宝幼嫩的牙龈，从而使宝宝对刷牙产生反感和恐惧心理。

●**选择适合宝宝的牙膏**。牙膏也同样要选择儿童专用的，而且最好选择那些产生泡沫较少的牙膏。因为2～3岁的宝宝还不太会吐出牙膏泡沫，如果泡沫过多，容易将部分泡沫吞下去，对宝宝的健康不利。虽说氟对牙齿的防蛀有效，但氟有累积性作用，宝宝无意中咽下的牙膏中的氟加上每日饮食中的氟如果超过了身体所需，容易增加患氟斑牙的危险。所以应选择含氟量较低的儿童牙膏。

●**教宝宝快乐刷牙**。爸妈平时刷牙时，可让宝宝在一旁当观众。看着爸妈很高兴地刷牙，宝宝心里便会产生模仿的愿望。这是引导宝宝学刷牙的最佳时机。让宝宝面对镜子站好，妈妈站在他身后或侧面，把住宝宝的手，教他将牙刷的刷毛放在靠近牙龈的地方，刷毛与牙面大约呈45度倾斜，上牙从上往下刷，下牙从下往上刷，刷完外侧面再刷内侧面和咬合面。然后让宝宝用清水漱口，将泡沫吐干净。刷牙后要教宝宝把牙刷彻底洗干净，将牙刷头朝上放到杯子里，存放到通风干燥的地方。

蒙氏小语 ♡

　　一个人如果在婴幼儿时期养成好习惯，其内在的对秩序的敏感性就会使其把这个习惯保持下去。为了宝宝拥有一口健康、洁白的牙齿，爸妈应从小帮助宝宝掌握正确的刷牙方法，并教宝宝养成早晚按时刷牙的好习惯。这对于宝宝来说，是一劳永逸的教育。

倾情解读蒙台梭利早教精髓

宝宝学会擤鼻涕喽

鼻涕宝宝不可爱，爸妈没有面子，宝宝不受欢迎，还会使其自尊心受到伤害。

故事的天空

康康感冒了，总是流鼻涕。

妈妈手里拿着小手绢，拉着康康的小手耐着性子说："宝贝儿，小鼻子又流鼻涕了，妈妈给擦擦。"

康康把头扭向一边，连连摇头，一万个不愿意。

妈妈只好采取强制手段，一手把康康搂在怀里，让他动弹不得，一手拿手绢去给他擦鼻涕。

康康使出吃奶的劲儿挣扎，嘴里连连喊："不要，不要。"小鼻子一抽，又把流出的鼻涕吸进鼻孔里去了。

妈妈见康康拼命地拒绝，只好作罢，放开小家伙，寻找适合的机会再给他擦。

康康这回站得远远的，不让妈妈靠过来。很快，鼻涕又从小鼻孔里流了出来，就像两条小虫一样挂在嘴唇上面不停地晃动。小家伙伸

出手来用手背蹭了一下，结果鼻涕涂抹到了脸蛋上，像一摊难看的糨糊。也许感到嘴巴有些不舒服吧，又伸出长长的舌头在嘴巴上舔了一圈。

妈妈看在眼里，急在心上，不再考虑孩子的感受，把小家伙按在床边，准备强行用手绢去擦。康康用两只小手捂住鼻子，就是不让妈妈"得逞"。每次擦鼻涕，母子俩都要经过一番搏斗。

吕姐爱心课堂

鼻涕和汗液、大小便等一样，都是身体里的废物，需要及时排出体外。这样不仅可以使鼻腔保持清洁，还可保持呼吸道的畅通。

在日常生活当中，常常看到一些孩子流鼻涕后，也不理会它，拖着两条"小虫"到处疯跑；有的孩子流了鼻涕，用衣服袖子或手背一蹭了事；还有的孩子干脆选择咽到肚子里的办法来解决。这和家长有着直接的关系，许多爸妈没有正确地指导过孩子擤鼻涕和擦鼻涕。结果，只能导致孩子们各自采取自己的方法来处理流出的鼻涕了。

蒙台梭利发现，很多父母会忘记教孩子擤鼻涕的正确方法，结果孩子都五六岁了，还不会擤鼻涕。这既给孩子身体上带来不舒服，也影响孩子在公众场合的形象，打击孩子的自尊和自信。当她把擤鼻涕动作作为一节课教给孩子们时，孩子们对她十分感激，并且很快就学会了擤鼻涕。

擤鼻涕和擦鼻涕看似是寻常小事，但对孩子来说却是很难无师自通的。特别是1～2岁的小宝宝，还没有太多的生活经验，这就更需要爸妈及时予以指导，把基本要领教给孩子，让他们逐渐掌握擤鼻涕的技巧。

蒙氏支招DIY

宝宝有了鼻涕，要及时处理掉，这既带给宝宝健康，又能让宝宝获得内心的尊严和自信。爸妈不要觉得孩子太小，学不会擤鼻涕动作。其实，只要给予他们正确的指导，小家伙很快就能学会和掌握技巧。

●**爸妈要耐心示范。**教宝宝学擤鼻涕前，爸妈应给宝宝先做示范，让宝宝熟悉擤鼻涕的过程，有了这个熟悉的基础，宝宝学习起来就容易多了。当然，学擤鼻涕最好在宝宝有鼻塞症状的时候进行，这时宝宝接受得比较快。应叮嘱宝宝，当鼻子感到不舒服、堵塞的时候，要主动擤鼻涕。

●**用品应随身携带。**一张清洁的纸巾或是一块小手帕要随身携带，这样就可以做到随时擤鼻涕了。告诉宝宝在公共场所不能把擤鼻涕的纸巾扔到地上，而要扔到垃圾桶里。在这方面，爸妈要做出表率，给孩子做出好的榜样。

●**教宝宝这样擤鼻涕**。不要在大庭广众下擤鼻涕，最好找一个不被人注意的地方进行。首先把准备的纸巾打开捂住鼻子，然后用手指按住一侧的鼻孔，使该侧的鼻腔阻塞，让宝宝闭住嘴巴，用力将鼻涕从另一个鼻孔擤出，接下来用拇指和食指从鼻孔下方的两侧往中间对齐，将鼻涕擦净。对折纸巾，换个鼻孔再擤一次。最后包起纸巾扔进垃圾桶或暂时放到口袋里，等到有垃圾桶时再处理掉。

●**方法一定要得当**。擤鼻涕动作虽然简单，但一定要注意方法。千万不能两个鼻孔一起擤，否则容易引发分泌性中耳炎。用力也不可过大、过猛，因为这样容易对耳朵造成损伤。

🧒 **蒙氏小语** ♡

　　教会孩子擤鼻涕是父母不可忽视的责任。很多父母会忘记教孩子擤鼻涕的正确方法，结果孩子都五六岁了，还不会擤鼻涕。这既给孩子身体上带来不舒服，也影响孩子在公众场合的形象，打击孩子的自尊和自信。

我的事情，我来做

帮助儿童"独立"的要诀之一，就是"放手让孩子自己去做"。成人代替儿童完成任务的行为很残忍，不但剥夺了儿童学习的机会，也剥夺了他们的自尊。

——蒙台梭利

阅读时间：20 **分钟**　　　**受益指数：**★★★★★

穿衣、脱衣我能行

不要剥夺宝宝穿、脱衣服的权利，在穿穿脱脱的练习中，他们的肢体协调能力以及生活自理能力会不断得到加强。

故事的天空

早晨，窗外的阳光洒满小床，2岁的莎莎一睁开眼睛就寻找放在床头柜上的衣服。昨天晚上睡觉前，在妈妈的指导下，莎莎一件一件地脱下来，又在妈妈的指导下将它们叠好放在那里。

莎莎在两个星期前就开始练习自己穿、脱衣服了，尽管有时胡乱忙活半天还是穿不上去，可是她喜欢自己来。当妈妈帮忙时，她嘴里总爱说"不要，不要"，以此向妈妈证明"自己能行"。妈妈索性"权力下放"，让莎莎按照自己的意愿去做事。

现在，莎莎知道自己要先穿小裤子，爬起来抓过那条橘红色的裤子，坐在床边往腿上套。这次比较顺利，没有把两只脚丫伸到一个裤筒里。接下来的那件乳白色的套头衫儿却难住了莎莎，无论怎么努力就是穿不上去，头套上了，胳膊却找不到袖子，总是贴着脖子从领口钻出。

这时，妈妈适时地走过来，对着满头是汗的莎莎安慰道："宝贝儿，不急。"然后妈妈把套头衫平放在床上，指给她看着，启发地说："先把头钻进上面的'大洞'里，然后再把胳膊分别伸到两边的'小洞'，是不是就穿好了？"

莎莎在妈妈的引导下，终于自己穿上了衣服，很有成就感地舒心地笑了。当她挺着小胸脯，站在床上向妈妈展示自己穿衣服的成果时，自豪的神情溢于言表，觉得自己真是了不起。

吕姐爱心课堂

学会穿脱衣服，是宝宝生活自理的第一步。他们早上一起床，第一件事情就是拿起自己的衣服往头上套，当妈妈来帮忙时，执拗的小家伙们多半会拒绝这种好意的帮助。宝宝之所以坚持自己来，是想通过自己的努力，证明自己能行。

莎莎妈妈可谓是一个明智的妈妈，她没有在孩子成长道路上扮演绊脚石的角色。可生活中有些爸妈就不同了，他们总认为孩子还小，或者不能容忍孩子慢吞吞、不协调的动作，于是什么事情都替孩子去做。蒙台梭利说："谁都知道，教一个孩子自己穿衣服、自己做事是一件多么单调乏味且困难的工作。这需要付出比给孩子穿衣服、喂养孩子更多的耐心。代替孩子的工作尽管对母亲而言很容易，但对孩子却很有害，因为它关闭了孩子自我学习的大门，并在孩子成长的道路上设置了障碍。"

蒙台梭利还发现，在儿童之家里的孩子能够长时间地将注意力集中在自己穿衣、清扫卫生、整理物品等事情上。因此她认为："儿童的玩耍与大人的工作不同，儿童的此类活动是为了能够建构自己，同时更好地适应生活。"是的，孩子们如此痴迷自己做事情，就是在无形中为自己的生活积累经验，不自觉地掌握生活的技巧。

通过穿脱衣服的锻炼，孩子们除了掌握生活技巧外，还可以发展自己的身体协调能力，帮助他们了解身体结构，同时培养了自我管理的责任感，以及物品对称和逻辑顺序的观念，增强独立自主的信心。他们小手的动作渐趋灵巧，大脑也会越来越聪明。

宝宝大都对自己穿脱衣服

很热心，他们喜欢将衣服穿上或脱下的那种成就感。当宝宝出现渴望自己穿衣或脱衣的举动时，一定要满足宝宝，教给他们正确的方法和技巧，帮助和引导宝宝学会穿脱衣服。爱孩子，就给他自己动手的机会，让孩子在生活自理中掌握更多的生活技能。

🐼 蒙氏支招DIY

宝宝能自己穿脱衣服，证明他可以逐渐脱离爸妈的帮助迈向独立。所以教宝宝穿脱衣服，无疑是在为他们的成长助力。2～3岁的宝宝正是好奇心旺盛、喜欢亲自动手尝试的年龄，爸妈及时的教授和引导，定能起到事半功倍的良好效果。

●**培养宝宝穿脱衣服兴趣。**宝宝刚开始学穿脱衣服，肯定穿不好，不是把扣子系错了位，就是把两条腿伸进一只裤筒，爸妈一定要有耐心，不要训斥宝宝，也不要取而代之帮助他穿好。而是应给予宝宝鼓励，同时不厌其烦地教宝宝正确的方法，以让宝宝对穿脱衣服充满兴趣。

●**要遵循先易后难的原则。**宝宝学穿脱衣服最好从夏天开始，当宝宝学会了穿短裤、背心后，信心会大增，随着天气变化，逐渐增加衣服，其难度也不算大。另外，为宝宝提供一些较宽松的衣服，这样更能方便宝宝学习。

●**脱衣服方法。**一般宝宝都是先学脱、后学穿的，因为脱衣服更容易些。脱衣服时，先让宝宝自己解开扣子，然后两手转到背后，右手抓住左袖口，让左手从左袖口中抽出来。双手伸到前面，左手抓右边袖口，让右手抽出来。把衣服脱下来后，将衣服的前襟向上平放在床上或小桌上，细细抚平上面的褶皱。

●**穿衣服方法。**最初可选择开襟式衣服给宝宝练习，衣服的前襟朝外，双手提住衣领的两端，然后从头上向后一披，把衣服披在背上，再将双手分别伸入衣袖。在穿袖子的时候，让宝宝把手握成拳头，这样容易穿过袖子。系纽扣时，应从下往上将扣子按位置逐一扣好。穿戴整齐后，让宝宝站在镜子前，一边照镜子一边整理好衣服。

穿套头的衣服时，要教宝宝分清衣服的前后：领口高的部分是后面，领口低、有口袋的是前面，有缝衣线的是里面，表面光滑的是外面。穿的时候，先把头钻进上面的"大洞"里，然后再把胳膊分别伸到两边的"小洞"，将衣服拉整齐就可以了。

●**挂衣服的方法。**把衣服前襟向上放在床上或桌子上，先将衣架的一侧伸进衣服的肩膀处，再把衣架的另一端伸进衣服的另一肩膀处。查看衣架放得比较居中后，将前襟扣上，扣子扣好，把撑好衣服的衣架挂到挂钩上。

●**学会系扣子。**系扣子比穿脱衣服更不容易学，由于孩子小，两只小手相互配合得不一致，很难把扣子系好。为了让宝宝能熟练系扣子，可把上衣平铺在床上，将扣子和对应的扣眼指给宝宝看，告诉他如何将扣子穿到相应的扣眼中。先把扣子的一半塞进扣眼，让宝宝从扣眼里拉出来，也可以和他玩帮玩具娃娃系纽扣的游戏，让宝宝进行多次练习。这样一来，宝宝在穿衣服时就能顺利系上扣子啦。

蒙氏小语 ♡

　　教一个孩子自己穿衣服、自己做事是一件多么单调乏味且困难的工作。这需要付出比给孩子穿衣服、喂养孩子更多的耐心。代替孩子的工作尽管对母亲而言很容易，但对孩子却很有害，因为它关闭了孩子自我学习的大门，并在孩子成长的道路上设置了障碍。

爸 妈 私 房 话

折叠也要讲技巧

折叠看似简单，却需要手眼的协调才能完成。给宝宝折叠的机会，这不仅是生活的历练，对培养宝宝良好的秩序感以及锻炼手部的小肌肉、审美等都大有好处。

📖 故事的天空

4岁的小萝莉和妈妈去丫丫家做客，两个小女孩很开心地在一起玩。丫丫把所有的玩具都拿了出来摆在床上，邀请小萝莉一起玩过家家。

丫丫抱着布娃娃忙得不亦乐乎，一会儿喂奶，一会儿拍娃娃睡觉，小嘴里还"呜呜啊啊"地哼着催眠曲，简直就是一个称职的小大人儿。

小萝莉和丫丫不一样，她更热衷于去折叠枕巾、手绢、小被子。当丫丫把盖在娃娃身上的小被子掀起来，抱着自己的"宝贝"亲吻时，小萝莉不声不响地把小被子扯过来，先是抖开平铺在床上，然后爬上去用手拍得平平整整的，接下来一折一折地叠起来。

正在和小萝莉妈妈说话的丫丫妈妈把小萝莉叠被子的举动都看在了眼里，一开始她以为小萝莉只是拍小被子玩，接下来的一整套动作令她很惊讶，没想到小萝莉不但把小被子叠得整整齐齐，还知道把叠好的小被子放到床头，上面还放上了枕头。

小萝莉妈妈却不以为然，从3岁左

右小萝莉模仿妈妈叠毛巾起，她就有意识地培养孩子折叠自己的被褥，整理自己的小床铺了。现在小萝莉已经养成习惯，每天起床时，一定先把自己的小床铺整理好，才去做其他的事情。有时，妈妈起床后忙着去洗漱，把被子摊在床上，小萝莉发现后就跑去找妈妈，要求先把被子叠起来再干别的。她还一边帮妈妈拽被角，一边数落妈妈是大懒虫。

丫丫妈妈听后羡慕不已，同样是女孩儿，丫丫还停留在小宝宝的时代，过着衣来伸手、饭来张口的生活，而小萝莉都能自理了。

🙋 吕姐爱心课堂

每一个宝宝都有爱参与的欲望，这是人的本性使然。有些人从小到大没有养成良好的习惯，与儿时的家庭教育和影响有很大的关系。蒙台梭利十分重视孩子的日常生活练习。她认为："儿童的实际生活练习不仅可以培养儿童的独立性和掌握技巧的能力，还可以练习各种动作，使儿童更加完善。通过日常生活练习，可以培养儿童独立生活和适应环境的能力。"

3～4岁的孩子正处于发展生活自理能力的重要阶段，这个时期的宝宝有一个共同特点，就是凡事都爱积极参与，都会投入极大的热情。所以，平时多让宝宝做一些力所能及的家务，可以提高他们的自主性。安排宝宝学习折叠衣服、毛巾、被褥等用品，是培养他们生活自理能力的主要目的之一。在日常生活当中让宝宝练习折叠，可以锻炼他们的手指，培养良好的秩序感，并养成爱整洁的好习惯。

当然，折叠物品不是一朝一夕就可以学会的，他们必须在日常生活中多练习。初期阶段，孩子肯定在动作上或程序上不到位，这就需要爸妈多给宝宝做示范，并耐心地指导，让宝宝更好地体验自己动手、自我服务的乐趣。蒙台梭利说："如果什么都为孩子做，而没有给孩子示范是怎么做的，这样的母亲就不是一个好母亲，她伤害了孩子最基本的尊严。"

小萝莉和丫丫之所以会有两种不同的生活体验，就是因为小萝莉妈妈是个有心人，及时捕捉到了孩子的兴趣，并给孩子自己动手的机会，而丫丫妈妈只是一味地包办代替，错过了孩子自我服务练习的机会。生活就是一所学校，孩子的许多技能都是在生活中得到的。爸妈不要代替孩子去做事情，代劳的结果是使孩子养成了依赖心理，成为什么也不做的小寄生虫。这种爱恰恰是一种害，会影响孩子一生的发展。舍得让孩子锻炼，给孩子机会，只有让孩子学会生活自理，才能适应生活，从容地去应对未来的各种艰巨挑战。

🐻 蒙氏支招DIY

学习折叠衣被是宝宝自理能力的表现，宝宝3岁时就可以教他学习一些简单的折叠技巧了。在教宝宝学习折叠时，爸妈一定要做好示范，动作要慢，让宝宝看清折叠要领。应先从简单的折叠开始，让宝宝多次练习。另外，不要忘记随时给宝宝鼓励性的话语，增强宝宝学习的动力。这样，过不了多久，一个会折叠、有条理的"巧手宝宝"就呈现在你面前了。

●**折叠毛巾**。把宝宝的小方巾放在桌子上展开、铺平。用两手的拇指、食指捏住毛巾的两个下角，轻轻地掀开，向上边的两个角对折，使方巾变成一个长方形，两边两角一定要对齐，然后再把长方形的毛巾两个短边对折，使它又变成一个小的正方形。

●**折叠被子**。教宝宝叠被子时，可以让他站在棉被一角，然后抓起这个角和妈妈手中的角重合。等宝宝有了成就感，有了兴趣，再让他单独折叠。先把被子在床上摆平，将长方形的被子叠成正方形，再把正方形的被子叠成小的长方形，将叠好的被子放到床头，最后把宝宝的小枕头放在被子上面就大功告成啦。

●**折叠袜子**。小袜子洗干净后，教宝宝用小手一只一只地抚平，然后两只小袜子叠放在一起，中间再一折即可。把折叠好的小袜子放到床头柜上，便于下次穿。

●**折叠衣服**。当宝宝把自己的衣服脱下来后，妈妈先给宝宝做示范，把衣服放到床上，将扣子扣上，衣襟向上用手抚平，开始折叠。先将上衣的帽子折到前胸，再将两只袖子折到前胸，然后将上衣分上、下两部分对折，最后轻按衣服整理一下，轻轻托起折叠好的上衣，整齐地放到衣橱里。妈妈要边折叠边讲解，每一个步骤都让宝宝看清楚。当宝宝提出要帮忙折叠时，就给宝宝机会让他去尝试。

●**折叠裤子**。将裤子平整地放到床上或小桌上，让宝宝分清裤子的正反面，然后将裤腰对裤腰，裤脚对裤脚对齐，中间折一下就可以了。

蒙氏小语♡

如果什么都为孩子做，而没有给孩子示范是怎么做的，这样的母亲就不是一个好母亲，她伤害了孩子最基本的尊严。

整洁的环境，宝宝拥有好心情

整洁的环境，令人赏心悦目。在一个良好的环境中，宝宝才会拥有好心情，才能更快乐地去探索，去学习，去成长。

故事的天空

2岁的东东是个爱干净的宝宝，他喜欢什么事都参与。妈妈正在擦衣柜，他也把小手伸进水盆，嘴里喊着："擦衣柜喽！擦衣柜喽！"然后用小手起劲儿地在衣柜上来回蹭着。

妈妈没有嫌弃他这个小捣蛋，而是给他提供了一块印有小熊维尼的小毛巾，说："这漂亮的小毛巾今后就归你了。"

东东接过来，兴奋地舞动着，十分喜欢这块漂亮的毛巾。他拿着毛巾就要参与到擦衣柜的行列。

妈妈说："你个儿太小，就擦一个小物件吧。"说完，顺手把一只小椅子放到他的面前，并给他讲了擦拭的要领，做了示范。

东东起劲儿地干了起来。等妈妈擦完了衣柜，他擦小椅子的任务也完成了。小家伙把小椅子擦得特别干净，连椅子腿都擦得一尘不染。

妈妈看后，竖起大拇指赞道："东东擦得真干净，好棒哦！"

东东的小脸乐开了花儿，举着小毛巾又向妈妈要任务。

妈妈说："好吧，那就去洗洗

毛巾，还有你的小袜子吧。"

从此以后，家中的家务活儿，东东都获得了参与权。饭后擦桌子、扫地、拖地甚至洗碗，他都抢着干。结果，抢来了一个爱干净、爱劳动的好习惯，成了保护家庭环境的小卫士。

在家里操心环境还不算，就是出了门看见地上有碎纸片、废弃的包装袋他都不放过，每次都捡起来放到路边的垃圾桶里。更让爸妈感到有趣的是，他在小表哥家做客时，竟然严肃地批评起大自己三岁的表哥，说他是一个大懒虫，不帮助妈妈做家务、搞卫生，还把自己的房间搞得乱七八糟，逗得大家哈哈大笑，小表哥被羞臊得红着脸不敢抬头看人。

🙋 吕姐爱心课堂

东东的爱劳动和注重环境卫生是长期养成的习惯，而小表哥之所以成了东东心中的"大懒虫"，就是因为爸妈没有给孩子正确的引导、娇惯孩子造成的。环境卫生是人们生活的基础和条件，直接关系到我们生活的质量和品位，同时也是一个人的人生态度的体现。

爱护环境，是蒙台梭利日常生活教育中的一个重要内容。她认为："环境卫生的保持应贯穿于孩子们的日常生活中。"在儿童之家里，每天的个人卫生检查之后，就开始环境卫生的检查和打扫了。孩子们会检查教具是否有秩序地摆放、桌面地面是否干净，然后教师安排孩子们对活动区进行打扫。当孩子们付出汗水进行精心打扫后，自然也会珍惜自己的劳动成果，主动保持环境卫生的。长此以往，就形成了常态化，养成了保持环境卫生的良好生活习惯。

一个连卫生都不去搞，宁可生活在脏乱差环境中的人，一定是一个懒惰成性的人，更谈不上什么责任心，不利于自己今后的人生发展。为此，爸妈要给孩子树立讲究环境卫生的榜样，除了带头搞好家庭环境卫生，还要指导孩子具体做一些实实在在的家务，让他明白这样一个道理：好的环境要靠自己去维持。

养成一个良好的卫生习惯，既利于自己的健康，也利于大家的健康。孩子保持环境卫生的习惯是在儿童时期养成的。那些从小就生活在脏乱差家庭里的孩子，长大后也很难改变不讲卫生的习惯。

🐼 蒙氏支招DIY

整洁的环境，会让人感到舒适愉悦，精神振奋。所以，应从小就让孩子养成保持良好环境的好习惯，学会自己料理个人的生活。

●**为宝宝提供专用的工具**。宝宝还小，不能自如运用成人的工具，爸妈应准备一套适合宝宝使用的抹布、笤帚、簸箕、墩布等劳动工具，便于其操作。

●**多给宝宝做事的机会**。模仿是宝宝的天性，当发现宝宝爱参与时，爸妈要给他提供"实习"的机会。如妈妈在擦拭家具时，不妨也给宝宝一块小抹布，让他体验自己做事的乐趣，或者让宝宝替自己洗洗抹布，宝宝会很有成就感。

●**根据宝宝的能力安排相应的任务**。2～3岁的宝宝可以洗抹布、擦拭家具；4岁时能够扫地、拖地、叠被子；5～6岁能学会洗自己的小衣服。爸妈应根据宝宝的生理发育水平安排任务，这样他们才能胜任，才能做得更好，也会更有激情。

●**正确捡拾地面上的物品**。当捡拾地面物品时，应让宝宝蹲下身子，用双手或单手捡拾。告诉宝宝，直接弯腰去捡是不正确的，不仅不符合礼仪规范，而且容易失去重心栽倒。

●**教宝宝进行擦拭练习**。教宝宝抓住抹布的中心去擦拭物品，不可将抹布紧紧揉成一团。用湿抹布擦拭时，要让宝宝适时地清洗抹布，再继续擦拭。擦拭完毕后要将抹布洗净，拧干后及时晾晒。

●**宝宝扫地、倒垃圾练习**。由于宝宝小手力度还不够，所以扫地时应让宝宝一手在上、一手在下双手持扫帚。扫地时可由四周向中间扫，或由一个方向扫至另一个方向，将垃圾集中于一处后扫入簸箕内，倒入垃圾桶。当垃圾桶中垃圾已满时，要及时将桶中的垃圾袋打结，投入到公共垃圾箱。

●**正确地拖地，不要留下脏脚印**。拖地时教给宝宝将墩布倾斜向前，来回擦拭，并且告诉他刚刚拖过的地面不能用脚去踩，以免留下难看的脏脚印，要等到地面风干后才可以自由走动。

●**对宝宝进行"环保"教育**。在平时的生活中要告诉宝宝哪些行为是对的，哪些是不讲卫生的。如无论在家里还是外面，都不能将食品的包装袋、瓜皮纸屑随处乱扔，要放进垃圾桶中；不能随地吐痰，应吐到痰盂里或用纸巾包好扔进垃圾桶；玩过的玩具一定要及时放回原处，并摆放整齐等。宝宝有了这些具体的卫生标准，才能在生活中去主动遵守和实施。

蒙氏小语 ♡

整洁的环境，能给人带来精神上的愉悦，折射出一个人的生活态度和精神品位。孩子保持环境卫生的习惯是在儿童时期养成的。那些从小就生活在脏乱差家庭里的孩子，长大后也很难改变不讲卫生的习惯。

第四章

语言和数学，宝宝进行思维的工具

语言和数学既是思维工具，也是接受知识的工具。蒙台梭利认为，3~6岁的幼儿处在学习读、写、算的敏感期，让他们在没有任何心理压力的情况下，按照自己的发展进度自然而然地"爆发式"地学习，不仅可以提高思维发展的准确性、灵活性和创造性，也为将来更加容易获得复杂的文化知识打下坚实的基础。

口吐莲花，让宝宝 "能说会道"

一个人如果不能与他人进行交流，他几乎什么也做不成。仅是思考的力量还远远不够，仅仅聪明也无法促成人与人之间的交流与协调。这种人与人之间的交流与协调对一个人的成功来说是非常重要的。

——蒙台梭利

阅读时间： 30 分钟　　　　**受益指数：** ★★★★★

语言，对宝宝的深情召唤

处于学话期的宝宝缘何只对周围环境中人类的语言产生兴趣，唯独学会了人类的话语？这是宝宝大脑语言机制对他的深情召唤。

故事的天空

早晨，3个月的蒙蒙安静地躺在自己的小床上，妈妈坐在床边柔声地说："宝贝儿，现在太阳出来了，小鸟又飞到咱家窗台上叽叽喳喳地说话了，它们是不是在和你说'早上好'啊？"

暑假来家做客的小姨看着她们母女说："姐，你可真够可以的，这么小的孩子能听懂啥？看你那投入劲儿，好像蒙蒙能回答你似的。"

蒙蒙妈妈看看妹妹说："她听不听得懂没关系，关键是她在听，这就够了。"

妹妹听后笑了，说："练她的听力有许多方法，听音乐不是更好吗？"

蒙蒙妈妈抱起孩子，给妹妹讲道："只给宝宝听音乐，她是学不会说话的。孩子大脑中的语言机制只对语言做出反应，他们的听觉器官有声音鉴别能力，多对孩子说些话有好处，不仅能让他们早点儿学会说话，还能开发智力呢！"说完，蒙蒙妈妈在孩子嫩嫩的小脸蛋儿上亲了一口，"走喽，咱们到外面去看月季花！"

望着姐姐的背影，妹妹有些疑惑地摇摇头，她拿起放在床头的早教书翻了一会儿，才似懂非懂地出去追姐姐，从姐姐手里接过孩子，边亲着她的小脸，边笑着给她讲童话故事，然后问姐姐："这样行不行？"

姐姐说："只要和孩子多说话就行，童话啦，天气啦，哪怕是股市行情都可以念叨念叨。当然，要用文明语言，脏话、粗话可不能说。"

然后，姐妹俩一同对着孩子笑，小宝宝也还以微笑，尽管她不知道妈妈和小姨因为什么发笑，反正那声音挺悦耳的。

吕姐爱心课堂

小宝宝在开口讲话前，多数时间都是在沉默中聆听。他们就是在不断地接受外部语言的刺激下，将语言深埋于他们的潜意识之中。不要小瞧妈妈每天对宝宝深情的话语，他们可是照单全收的。妈妈的唠叨尽管他们听不懂，却能留在记忆深处。当他们能开口说话时，就能讲出令人惊讶的话语。

婴儿是在无意识中受到周围声音感染的，也许他们看起来只是不谙世事、只知道睡觉的"小粉团"，你也很少看见他们的舌头、脸颊在动，但正是在这种沉寂中，他们所有的器官都在默默学习发声。只是由于他们的发音器官尚未发育成熟，还不能进行"工作"，但他们的意识已经被唤起，他们已经注意到了语言，并对此产生了兴趣。

按理说，在宝宝生活的环境中充斥着各种各样的声音，而宝宝缘何只对人类的语言产生兴趣，唯独学会了人类的话语？蒙台梭利通过研究发现，儿童大脑中的语言机制只对语言有反应，他们的听觉器官有分辨人类语音的本能。她说："大自然为了让儿童掌握需要的语言，在人类大脑神经中枢专门为语言保有一席之地，与其他声音区分开来。尽管每天都能听到许多声音，却使他们只对人类的语言保持敏感。""狼孩"从小在狼群中生活，能够模仿一些大自然的声音却无法发出人的声音，即使回到了人类社会，也无法掌握语言。因为"狼孩"从未听过人类的声音，大脑内的语言机制没有被激发出来。如果发音器官发育到定型之前都没有接触过人类的语言，没有开始发音练习的话，发音器官就随意定型，之后就很难系统地学会某一种语言的全部发音了。

所以，每天对孩子说说话，绝对不是可有可无的，而是必须坚持下去的一项"工作"。

宝宝的发音器官是在学习语言的过程中发育并成熟起来的，因此，在日常生活中利用一切机会启发孩子学习说话是关键。爸妈不要错过这个最佳的刺激时机，应及时与宝宝建立起顺畅的沟通渠道，促进宝宝的语言发展。

●**多和宝宝说话**。宝宝从一出生就有了听觉能力，他们喜欢听人说话的声音，特别是爸爸妈妈的声音更是他们的最爱。宝宝是通过"听"来学"说"的，所以爸妈要多和宝宝说话，为他们提供丰富的语言环境。无论是给宝宝换尿布、喂奶、洗澡、按摩，还是带宝宝去散步，都可以成为教宝宝学说话的语言课堂。这不仅能刺激宝宝大脑的语言中枢，还可以教他在情境中理解语言，使宝宝对语言产生兴趣，更愿意聆听爸妈亲切的话语。

●**不要和宝宝说儿语**。在和宝宝说话时，用语要标准，不要用非常幼稚化的、脱离语言实际的叠音词和短句，如"饭饭儿""喝喝""回家家"等。这些儿语会影响宝宝接触必须学习的语言的语法结构，不利于宝宝的语言发展。有的爸妈怕宝宝听不懂标准用语，其实，宝宝就如同一张白纸，外界输入什么他就接受什么。

●**音要正，词要准**。与宝宝说话时，发音要清晰准确，用较慢的语速来表达，为宝宝将来的口语表达奠定基础。因为小时候养成的语音习惯和发音特点，长大后是很难改正的，要教他们从小就规范化地使用语言。另外，要多重复，让宝宝印象深刻。

●**投入情感与宝宝说话**。热情洋溢的话宝宝最爱听，刚开始宝宝也许听不懂爸妈的语言，但是却能听懂爸妈的情感，看懂爸妈脸上的表情。所以，当宝宝牙牙学语时，爸妈要用热情的话语来吸引他，会大大提高宝宝听的兴趣。

●**语言环境不要过于复杂**。家庭的语言环境不要复杂，多种方言并存对宝宝不利，这会使正处于学习语言阶段的小宝宝产生困惑，不能正确理解词义。所以，在宝宝学说话之初，家庭内部应统一语言，让宝宝对一个物品只接受一种读音，这样宝宝不容易出现意识上的混乱，可以顺利地掌握语言与人沟通了。

蒙氏小语♡

大自然为了让儿童掌握需要的语言，在人类大脑神经中枢专门为语言保有一席之地，与其他声音区分开来。尽管每天都能听到许多声音，却使他们只对人类的语言保持敏感。

爱他，就请理解他

　　在宝宝还不能用语言表达清楚自己的意愿时，爸妈要及时猜透他的小心思，达到与宝宝无障碍沟通。能被爸妈理解，是宝宝感到最幸福的事。

故事的天空

　　1岁3个月的娇娇能够和妈妈进行简单的语言交流了，有时候她说"外"，妈妈就知道了她要出去走走。当妈妈牵着她的小手走出家门时，娇娇用快乐的神情表示妈妈理解了她。

　　有些时候，妈妈很难弄懂她的电报语式的"一字真言"，面对说不清的孩子，妈妈莫衷一是，怎么做她都不满意。最后弄得妈妈满头是汗，孩子急得哇哇大哭。

　　早晨，妈妈用奶瓶给娇娇冲好豆奶粉，看着孩子喝完后，顺手把奶瓶放在茶几上去叠被子,等收拾好床铺再去洗刷奶瓶。

　　娇娇见妈妈转身去了卧室，而没有像往常那样去洗刷奶瓶，就站在茶几旁大声喊着："妈妈，妈妈，来。"

　　妈妈赶紧回到女儿身边："宝贝儿，妈妈在。"

　　娇娇用手指着自己的奶瓶一个劲儿地说："奶瓶，水。"

　　妈妈以为她要用奶瓶喝水，于是给她去倒水。

娇娇起劲儿地摇着头："不，不。"

妈妈只好放下。

谁知，娇娇更加大声地喊："奶瓶，水。"

妈妈觉得可能是孩子还要喝豆奶，就拿起豆奶粉袋儿准备往奶瓶里倒豆奶粉。

娇娇连连摇头，着急地说："水，水。"

妈妈说："先放豆奶粉才能加水啊。"

娇娇用手推着妈妈说："水，水。"然后小手拉着妈妈的衣角往厨房走。

妈妈只好一手拿着奶瓶，一手拿着豆奶粉袋儿随女儿去厨房。到厨房后娇娇指着水龙头说："水，水。"

妈妈这时才恍然大悟，原来孩子不是要喝豆奶，而是要妈妈用水清洗奶瓶。当妈妈洗着奶瓶时，娇娇的一脸焦急果然没有了，取而代之的是甜甜的笑。

吕姐爱心课堂

经过一番艰难的"交流"，妈妈终于明白了孩子表达的最终目的。许多爸妈都有过类似的经历，耐心和细心的爸妈最终能读懂宝宝的心思，而那些粗心的爸妈可能觉得孩子是在无理取闹，干脆不去搭理孩子。结果，惹得孩子大发脾气。

处于学话期的宝宝有时会显得不可理喻，其实并非他们故意跟爸妈作对，他们不讲道理的原因是爸妈根本不懂他们所要表述的问题。娇娇是要求妈妈把奶瓶洗干净，妈妈却理解成孩子想用奶瓶喝水或还想喝豆奶。这是因为1～2岁的宝宝词汇量有限，但又想用语言来表达自己的想法，因此常常把自己会说的词语不按常规进行搭配，这样说出来，大人肯定难以弄懂。

在这方面，蒙台梭利早有研究，她说："由于成年人无法听懂儿童所说的话，这一时期的儿童经常会表现出易怒的情况。发脾气成了这一时期儿童生活的一部分。儿童做出各种各样的努力后别人也无法听懂时，他们肯定会发怒。"许多爸妈都会说，小孩子都喜欢发脾气，却不知这是由于孩子自身能力所限造成的。当宝宝由于自身能力的不足感到孤立无助的时候，他们会很苦恼。这时如果爸妈能够理解他们表达的意思，对宝宝来说，该有多大的帮助啊！

宝宝是渴望被爸妈理解的，皆因为自己还不会表达，造成了沟通障碍。这不是孩子能解决的问题，而是爸妈的责任。这个阶段是宝宝语言及智力发育的重要阶段，表明宝宝已经开始产生自己的思想，只是语言功能暂时还无法满足要求，所以出现叫人猜不透的现象。只要爸妈耐下心来，认真倾听宝宝的诉求，就能减少沟通上的障碍。同时将给宝宝莫大的鼓舞，赢得宝宝的信任和热爱。能被爸妈理解，是他们感到最幸福的事情，远比给他们生活的照顾和爱抚更有价值。

蒙氏支招DIY

爱孩子，就请理解他。爸妈要承担起"翻译"的角色，尽快翻译出孩子的诉求并满足他的要求。对儿童来说，理解和帮助是比爱抚更好的礼物。

●**认真对待宝宝提出的要求**。对于宝宝模糊不清的要求，一定要认真对待，努力理解正在学习中的宝宝的语言，会使宝宝感受到来自爸妈的爱，他也将会尽量用语言和动作来表达自己的愿望。当宝宝说出难懂的话时，要耐心地倾听，仔细地分析，并做出积极的反应。

●**细致的观察很重要**。当宝宝表达不清时，一定还会夹杂着肢体语言和面部表情来补充。这时，要用心去观察他们的这些表达方式，或许能通过他们的眼神、动作理解其想要表达的意思。

●**多关注宝宝的生活**。宝宝嘴里蹦出的词语，一定同他生活中所见所闻的一些事物或生活经历有关，所以，平时多关注宝宝的生活，有利于理解宝宝的"隐语"。

●**经常与宝宝交流**。平时要多与宝宝交谈，即使宝宝不提问，也要主动做出一些解释。如妈妈正在择韭菜，可以对宝宝讲韭菜是蔬菜，吃到嘴里有些辣，能炒菜，能包饺子。宝宝也许在玩耍，也许在观察，但他一定会把这些信息收入大脑储存起来的，说不定有一天他会说"韭菜"，没准儿宝宝是想吃饺子了呢！

●**帮助宝宝提高语言表达能力**。爸妈要在理解宝宝的基础上，帮助他更贴切地表达自己，试着将他真正的想法用正确的语言表述出来，这会帮助宝宝提高自己的语言表达能力。

●**教他使用正确的语言**。只有标准、正确的语言，才能使宝宝清晰说出自己的诉求，大人才能弄懂其所要表达的意思。宝宝小，发音本来就不太标准，如果爸妈的话说不标准，从宝宝嘴里说出来可能就会"走样"，更表达不准确了。如有的爸妈把厨房说成伙房，当宝宝表示要去厨房时，发出"火晃"的读音，结果大人被弄得一头雾水，最后宝宝小手指着厨房才弄明白他是要去厨房。

●**不要嘲笑和训斥宝宝**。宝宝表达不清楚，爸妈要拿出足够的耐心倾听和理解，不要嘲笑、训斥宝宝。应多和宝宝说话，鼓励宝宝说话，并且对他的表达加以肯定，使宝宝有信心越说越好。

蒙氏小语♡

与那些对自己进行爱抚的人相比，儿童对能够理解他语言的人表现出更大的兴趣，因为这位"翻译"能够帮他打开世界的大门。对儿童来说，理解和帮助是比爱抚更好的礼物。

不断重复，体会语言配对的乐趣

当宝宝喜欢不断地重复，并非在无意识地消遣，他们正是在这种不断学习、练习中，记住生活中各种事物的名字，慢慢积累词汇，构建起属于自己的"语言体系"。

故事的天空

鹏鹏1岁半了，小家伙长得胖嘟嘟的，十分惹人喜爱。鹏鹏还是个很独立的宝宝呢，即使妈妈不在身边，他也能自得其乐。可近来不知为什么，小家伙有事没事地总是喜欢喊"妈妈"。

妈妈正在另一个房间收拾床铺，鹏鹏坐在自己的小房间里鼓捣着玩具，突然，他大喊了一声："妈妈！"

妈妈听到后，马上放下手中的活儿，跑进小家伙的房间去看儿子。正在低头摆弄玩具的鹏鹏看了妈妈一眼，并没有向妈妈提出什么要求，又低头专心致志地玩起了手中的玩具，好像从未喊过妈妈似的。

妈妈见孩子玩得好好的，又出去忙活去了。可是没过两分钟，鹏鹏又大叫："妈妈！"

妈妈再次进来，小家伙只是看着妈妈笑一笑，依然自顾玩着玩具。妈妈站在一旁观察了半天，发现孩子一切都很正常，正准备出去忙，没想到小家伙又喊了一声"妈妈"。妈妈赶紧答应，当问他要什么东西时，他摇摇头，脸上却是一副欢欣的表情。

妈妈狐疑地走出儿子的房间，总也想不通孩子为什么总是喊自己，而又没有什么需求。是不是像那个喊"狼来了"的牧羊孩子那样，在搞恶作剧呢？

吕姐爱心课堂

1～2岁的小宝宝做事情一定是有原因的，他们的智商还不足以逗大人玩。宝宝不断地喊"妈妈"，而又不提出什么要求来，是因为他们正处在物品与名称配对期。他们喊"妈妈"，妈妈就出现了，在宝宝的心里，"妈妈"这个词和妈妈本人对应上了。

宝宝从1岁时开始说话，起初他依旧是咿呀学语，渐渐地，他的表达有了目的，这说明他的思想进入了意识状态，开始意识到语言与周围的事物有某种关联。蒙台梭利总结道："大约在1岁半的时候，儿童有了另一个发现，那就是每样东西都有名称。也就是说，他已经知道每样东西都由一个特定的词语来表示。他能从听到的所有单词中找出名词，尤其是一些具体的名词。这是一个多么大的进步啊！"

语言是人类独有的一种特殊的本能，每一个正常、健康的宝宝都有语言天赋。1岁多的宝宝从咿呀学语中发觉每件事物都有自己的"名字"，突然有一天，宝宝发现，有一个词能够和一个物品配上对后，像发现了天大的秘密一样欣喜不已。于是，宝宝开始喜欢有意识、无意识地重复这种配对行为。

宝宝喜欢不断地重复这种配对，说明他开始意识到语言与事物之间的关联性，有意识地学习和掌握语言的愿望也变得越来越强烈。千万不要认为宝宝是在消遣妈妈或单纯是为了好玩。他们正是在这种不断学习、练习中，记住了各种事物的名字，慢慢积累词汇，在小脑袋里建立起属于自己的"语言体系"。这是宝宝语言发展所必须经历的阶段，是每个爸妈都不容忽视的。

蒙氏支招DIY

当宝宝处于语言和事物配对的时期，要多引导宝宝认识一些事物，熟悉一些名词。因为掌握名词的数量以及对这些名词的理解程度，与宝宝今后语言表达的流畅性和准确度有很大的关系。爸妈要积极引导宝宝认识更多的事物，为宝宝成为"小演说家"打好基础。

●**让宝宝认识更多的物品**。宝宝经历越丰富，越能学到更多知识。爸妈应带宝宝到处走走，见到什么就给他介绍什么，如这是小猫，小猫"喵喵"叫，让宝宝有意识地认识小猫，并能把"小猫"与眼前这只可爱的小动物联系上。

●**从身边熟悉的物品教起**。生活中宝宝熟悉的物品更有利于宝宝掌握，如每天开灯时，告诉宝宝这是"灯"；给宝宝喝牛奶时，告诉宝宝奶瓶是装牛奶用的，宝宝是通过奶瓶喝到牛奶的；在和宝宝玩游戏时，可以点着他的小手指，告诉他这是宝宝的"手指"。这都是宝宝生活中熟悉和经常接触的，所以很容易让宝宝将名称与物品联系起来。

●**告诉宝宝物品的正规名称。**不管介绍哪一种物品，都要告诉宝宝正规的名称，等宝宝4岁后，有了一定的理解力，才能把物品的其他称谓解释给宝宝听。否则，宝宝理解不了，容易出现认知上的混乱，他可能会认为不同的名称是两个不同的物品。

●**频繁地重复帮助宝宝记忆。**不要奢求今天教给宝宝，明天他就会记住，宝宝掌握一个新词需要不断重复才能学会。所以，最好让宝宝频繁地重复认识，在不同时间反复使用同样的词。如宝宝吃饭用的小碗，告诉宝宝，这是"饭碗"，然后指着爸爸用的大碗说，那也是"饭碗"。这样一来，宝宝无论看到什么样的碗，都会知道是吃饭用的，知道了"碗"是什么意思，并不是只有看到自己的小碗时才说那是"碗"。

●**开心的状态更有利于宝宝认知。**教宝宝指认物品时，爸妈最好采取夸张的肢体动作与宝宝交流，这样宝宝在开心的状态下更容易记住物品名称。如指着自己的耳朵告诉他，这是妈妈的"耳朵"，不如两只手拽着两只耳朵作扇动状，脸上的表情很夸张地说，这是妈妈的"耳朵"，看，还会动呢。这样能使宝宝既开心，又能掌握这些名词的发音和意义。

●**既要让宝宝听清，还要让宝宝看清。**教给宝宝物品名称时，一定要面对他，让他清楚地看到爸妈的口型和脸部表情，且说话吐字要清晰，节奏缓慢些。宝宝既听得清，又看得清，更有利于宝宝的语言学习。

蒙氏小语 ♡

当儿童发现每样东西都由一个特定的词语来表示，他会欣喜不已，从而有意识地学习和掌握语言的愿望也会变得日趋强烈。

自言自语，外部语言向内部语言过渡

　　宝宝的自言自语，是思维的有声表现，他们还不能像成人一样只用大脑思考，而是需要用具体的语言来帮助自己慢慢地理顺思路。

故事的天空

　　4岁的颐颐简直就是一个小话痨，小嘴总是没完没了不停地说话。妈妈已经习惯他的独自"唠叨"了，在家里任凭他自言自语，最怕他出门到了外边，颐颐不管在什么场合下都想要表达几句。

　　公交车上，颐颐和妈妈坐在最后一排，小家伙有些兴奋，环顾着车里的人们，突然大声地说："快看，小汽车，嘀嘀嘀。"

　　那些站着和坐着的人纷纷回过头来向后边看，见一个小家伙正摇头晃脑自顾自地说着："咪咪熊没有吃饭，它不想让人家说自己是个馋家伙。"

　　妈妈见大家都在看，赶紧摸摸他的小脑袋，示意他不要说话了。

　　可是颐颐却不管这些，把目光投向窗外，看见街头广告牌，又大声喊起来。

　　为了让颐颐闭上小嘴，妈妈赶紧拿出一个果冻塞到他的小手里。可他还是闭不上嘴巴，奶声奶气地说道："小蚂蚁，真有趣，大家来抬一粒米，小蚂蚁……"

颐颐自顾自地说着他想说的话，听得满车的乘客都在笑，觉得这个小家伙太爱说话了，自打他一上车，小嘴就没闲着，好像整个车厢就他一个人似的。

看着自言自语的儿子，妈妈真不知道如何让他的小嘴巴安静下来。

吕姐爱心课堂

3岁以后的宝宝常常边玩边一个人絮絮叨叨地不知在说些什么，这是他们特有的头脑思考方式。因为此时他们的外部语言表达能力已经得到较好发展，接下来，他们的语言能力将有一个巨大的进步——形成内部语言。而自言自语是将外部语言转为内部语言的一种表现。这个阶段的宝宝思维能力正在飞快地发展，但并未成熟，还不能像成人那样只用大脑思考，心中默默记下就可以了，而是需要用具体的语言来帮助自己思考，慢慢地理顺思路。

蒙台梭利曾说过："一旦儿童学会了语言，就会不停地说话，谁也无法阻止他们。如果说世界上有什么难办的事情，让学话期的儿童保持沉默绝对是其中之一。"3～5岁是人类一生中讲话最多的时期，在这个阶段，宝宝出现了心理学上称为"自我言语"的现象，6～7岁时，大部分孩子都能像成人一样进行不出声的沉默思考了。

自我言语时期是人类一生中最需要进行语言交流的时期。如果宝宝只沉浸在自言自语中，而不与他人进行交流，会影响到语言的正常发展。因此，爸妈要主动与宝宝进行对话，了解宝宝的思想，帮助宝宝提高语言能力。

千万不要小看宝宝的自言自语，这是思维的有声表现，恰恰说明他们肯动脑筋。自言自语，是宝宝语言发育的一个重要组成部分，是一种语言的自我调节机能，既锻炼了自己的语言能力，又调节了孩子的行为。在自言自语中，宝宝内心的不悦、焦虑、孤独也会被排除。随着年龄和能力增长，宝宝会由大声地自言自语转变成小声地嘀咕，直至最后转变为思维过程中静默无声的内部言语。这是宝宝一种正常的心理现象，是学习语言的必经过程。所以，没必要去制止孩子的自言自语。如果强迫他们安静下来，则会抑制孩子自发学习语言的积极性，导致心灵上的孤独，不利于身心的健康发展。

蒙氏支招DIY

宝宝的自言自语不可抑制，这是宝宝提高语感及语言理解能力的阶段。爸妈要善于引导，多倾听宝宝，多和宝宝交流、对话，给他们提供讲话的机会，以让宝宝顺利完成由外部语言向内部语言的过渡。

●**做宝宝的忠实听众**。当宝宝自言自语或是给爸妈讲点什么时，应停下手头的工作，认真倾听宝宝的讲话。不要认为宝宝唠叨而不给他们讲话的机会，这会挫伤孩子的积极性。如果贸然阻止，会打断宝宝的思路，甚至会让宝宝的自尊心受到伤害。

●**给宝宝自言自语的空间**。宝宝的自言自语有时很投入，时而声音大，时而声音小，还常常会伴有一些肢体动作。这种投入有助于宝宝学习和认知水平的提高。通过这一行为，不仅锻炼了宝宝的语言表达能力，也锻炼了宝宝独立处理问题的能力。当宝宝独处时，不受外界压力影响，会感觉轻松自由，他们的语言就会更加充满感情色彩，很好地表达自己的情绪和情感。所以，爸妈应给予宝宝自言自语的空间，尽量不要去打扰他们这种自得其乐的享受过程。

●**善于利用宝宝的自言自语**。这个阶段的宝宝最喜欢说话，爸妈要充分利用这一契机，多和他们说说话，让宝宝认知更多的事物。可以给宝宝提一些他们力所能及的简单的问题，让他们自己思考并回答，无论正确与否，都不要打击宝宝的积极性，而是要多鼓励、多引导。

🧒 **蒙氏小语** ♡

处于自言自语阶段的儿童，还不能像成人那样只用大脑思考，心中默默记下就可以了，而是需要用具体的语言来帮助自己思考，慢慢地理顺思路。因此，我们不能阻止儿童这种自发的成长行为，而是要为他们提供必要的环境。

妙语连珠，宝宝对新词的无限渴求

宝宝对词汇具有一种特殊敏感性，对新词总是乐不可支地奉行"拿来主义"，这是宝宝强烈学习语言欲望的体现。当宝宝乐此不疲地自己造词造句时，不要嘲笑宝宝的词不达意。

故事的天空

4岁的豪豪和家人围在一起吃晚饭，妈妈把一盘炒苦瓜端了上来，小家伙用筷子在盘子里翻了半天，然后收回伸出去的筷子，背靠在小椅子上，突然冒出一句："苦婆口心。"说完，还自鸣得意地摇头晃脑，觉得自己很了不起。

妈妈扑哧一下笑了，用手指点着他的小脑门纠正道："是苦口婆心！"

豪豪却不以为然，依旧背靠在小椅子上悠然自得地抽动着鼻子给大家做鬼脸。

爸爸说："这小子，整天还想弄出点儿新名词，却总是词不达意，不知道从哪儿学来的。"

妈妈坐下后说："昨天还突然冒出一句'一马当先'呢。"

豪豪一双大眼睛不停地转着，并不理会爸妈的评论。他喜欢吃西红柿炒鸡蛋，别的菜一口不吃。

爸爸说："挑食可不是好习惯啊。"

豪豪用筷子在菜盘里翻着鸡

蛋，说："西红柿炒鸡蛋最好吃了，我年轻时就爱吃。"

妈妈听后笑得弯下腰，直揉肚子，用手指着一本正经坐在那里的豪豪，上气不接下气地说："还年轻的时候呢，你现在才几岁呀？"

爸爸给豪豪解释着："不能说年轻的时候，而是应该说小的时候。"然后想了想说，"他才4岁呀，用小的时候也不太恰当，只能用从前。"

然后，夫妻俩对视一眼，又同时大笑了起来。

🧑 吕姐爱心课堂

爸妈都有这样的经历，昔日还咿呀学语的小宝宝，突然有一天蹦出一个令你忍俊不禁的新词。而且一发不可收，宝宝几乎每天都能说出令爸妈惊讶的新词来。妙语连珠的宝宝是如何掌握这些新词的呢？

当宝宝学会了说话，总是喜欢说个不停，从他们嘴里经常蹦出意想不到的新词。他们喜欢模仿，当听到自己从未听过的新词时，总是乐不可支地奉行"拿来主义"。宝宝不但从周围环境中学习语言，还把储存在大脑中的单词、语句进行加工整合，变成自己的语言来表达，乐此不疲地自己造词。这都是宝宝强烈学习语言欲望的体现。

蒙台梭利认为："孩子学习语言的最佳时间是3～6岁，这个年龄段的孩子对于学习词汇有着强烈的渴求，而且对学习乐此不疲。当他们进入下一个阶段时，情况就会完全不同。孩子形成了其他能力，吸收新词对于他们来说将变得越来越困难。"

3岁是人类心理发展的一个里程碑式的年龄，孩子从无意识的状态过渡到有意识的状态，并建立了他所在的生存群体和特定社会阶段所特有的心理结构和语言表达机制。随着思维能力大大提高，他们学习语言的热情也高涨起来，喜欢学新词，甚至自己独创一些词语。

这个阶段是宝宝学习语言的最好时期，他们对词汇具有的一种特殊敏感性，能帮助他们自然而然地积累大量的词汇。宝宝在这段时期学习的词汇会让他们受用一生，在他们上学后，甚至以后的岁月里，都能够流利地使用这些词汇。因此，爸妈应该利用这一契机，系统地对宝宝进行词汇的训练，以满足他们对新词的无限渴求，帮助他们掌握更多的词汇。

🧸 蒙氏支招DIY

宝宝自主学习新词汇是发育阶段的必然现象，但是没有外界提供"语言材料"，他们也难以掌握更多的词汇。爸妈现阶段要做的就是"给他们提供语言表达的机会"，只有让宝宝多听多说，才能丰富他们大脑里的词汇库。

●**要与实物相结合。**教宝宝学习新词汇时，最好将词汇与实物对应上，如苹果，就要拿着苹果边慢慢说边指给宝宝看；介绍花草，就带宝宝到大自然中去，让宝宝亲眼看见实物，花瓣、花蕊、叶脉、叶绿素都可以讲给宝宝听。有了实物，宝宝能够产生联想，会更容易记住这些词汇。

●**用丰富的语言和宝宝说话。**在平时的生活中，爸妈与宝宝交流时用词尽可能丰富些，对宝宝说得越多，词汇越丰富，宝宝接收到的也就越多。高质量的语言环境，也一定能培育出妙语连珠的宝宝。

●**多给宝宝读经典儿童故事。**经典的儿童故事，既能让宝宝养成勇敢、诚实、善良的好品格，也是学习语言的最佳渠道。故事中的优美语言会让宝宝在听故事的过程中，潜移默化地吸收词汇。爸妈在讲故事时，语气要平缓，发音要清晰准确，让宝宝听得清楚，他才能够听进去。

●**识图说词。**识字卡片具有识物、识字的功能，爸妈应经常和宝宝一起认识图中的字词，除了能丰富他们的词汇，还可以引发联想。如国旗可以引导宝宝联想到风，可以联想到静止或飘扬，还可以联想到长方形等，这无形中又增加了他们的词汇量。

●**从观风景中说词。**外面的世界有太多的东西让宝宝熟悉了，当带宝宝上街时，要充分调动宝宝的视觉、听觉、触觉、嗅觉等多种感官，引导宝宝充分去感知、去捕捉、去发现。当看到自己感兴趣的事物，宝宝会情不自禁地驻足观看，爸妈要及时予以互动交流，在一来一往的问答中，宝宝无形中就掌握了许多词汇。

●**及时纠正宝宝的不恰当用词。**爸妈在对宝宝说话时，一定要注意语言的准确性。如果宝宝出现不恰当用语，要及时予以纠正，以确保他能正确掌握词汇。

蒙氏小语♡

孩子学习语言的最佳时间是3~6岁，这个年龄段的孩子对于学习词汇有着强烈的渴求，而且对学习乐此不疲。当他们进入下一个阶段时，情况就会完全不同。孩子形成了其他能力，吸收新词对于他们来说将变得越来越困难。

阅读书写，激发宝宝的学习热情

儿童的书写和阅读能力培养，必须要结合儿童的生理和认知发展特点，不必急不可待地向儿童解释这些印刷符号的含义，这可能扼杀他们的兴趣和强烈的探究能力。追求这些并不很重要的东西会削弱他们生机勃勃的心灵的能量，激发他们的学习热情才是正途。

——蒙台梭利

🕐 阅读时间：25 分钟　　🎓 受益指数：★★★★

不停地写，体验书写的美妙快感

只要有一支笔在手，宝宝就能创造一个世界。他们的笔端流出的不仅仅是文字或符号，还有那份无尽的快意。

🧒 故事的天空

星期天的早晨，华华妈妈领着女儿来到睿睿家做客，母女俩没有看见睿睿跑来欢迎，感到有些奇怪。

睿睿妈妈笑着解释道："他现在可忙了，正在阳台练字呢。"

华华妈妈道："那我得去瞧瞧。"

阳台上，4岁的睿睿正拿着铅笔在一张纸上写1、2、3、4、5、6等数字，有的个头好大，能占半页纸，有的个头小得像一颗大米粒。每一个数字都很有个性，躺着的，站着的，还有颠倒着的。小家伙显然写了好长时间了，地上还掉了几张写着"一""人""王"等汉字的纸张。

华华妈妈爱怜地摸摸睿睿的小脑袋，夸道："不错，照这样下去，肯定能练成书法家。"

同样4岁的华华也开始手痒起来，她在家里也是到处乱画乱写，两个孩子凑到一块儿，大有比试一番的意思。

把两个孩子留在阳台上，任由他们去写去画，两个妈妈回到客厅聊着孩子的事儿。

华华妈妈觉得睿睿听话，只在阳台上写写画画，而华华却是到处乱涂。睿睿妈妈介绍着经验：给孩子开辟一个专门写写画画的地方，一切不都解决了。华华妈妈决定也把家里的阳台整理出来，给孩子做一间写画室。

吕姐爱心课堂

4岁左右的宝宝开始进入书写敏感期，他们的小手拿着画笔喜欢到处写画，家中的门扇、柜子、墙壁都是他们即兴的阵地，到处都留有他们的"墨宝"。他们喜欢不停地写，并乐此不疲，体会着书写带给他们的美妙快感。

蒙台梭利认为："儿童时期是运动肌肉的敏感期，4岁儿童的手，为了稳定其动作，总会忍不住去碰周边的每样东西。我们必须找到书写机制定型的年龄，以便让他们能够很自然地、不费力地建构起来。"许多爸妈对孩子书写敏感期并不重视，觉得孩子今后上学时有的是机会练习写字。是的，孩子上学了，书写是天天可以做的事情。但是，在书写敏感期里宝宝没得到很好的锻炼，就会错过提高动作协调能力的良机，其动作已经定型的小手便丧失了动作的敏感性。

宝宝进入书写敏感期一般需要经历用笔在纸上戳戳点点、来来回回画不规则的直线、画不规则的圆圈、书写出规整的文字等几个阶段。一般来说，宝宝在2～3岁时喜欢涂鸦，这其实就是书写的准备期，有了这个基础，他才能尝试以点或线写文字或数字。如果发现宝宝喜欢拿着笔在纸上、墙上涂鸦，在户外玩耍时不去关注街景，而是用小木棍在地上乱画，说明他的书写敏感期已经出现了。爸妈可以给宝宝准备纸笔，让他去尽情地过一把书写的瘾。

由于写字是需要运用手部进行精细动作的活动，幼儿时期由于小肌肉群的发育不够完善，如果让宝宝过早握笔写字，对身心发展都很不利。蒙台梭利就特别强调："培养学龄前儿童的书写能力必须要结合儿童的生理和认知发展特点。"因此，爸妈要视宝宝的实际能力安排他们进行书写锻炼。

大自然已经赋予了宝宝完善自己的能力，每个宝宝内心都会有一个建构成长的时刻表。爸妈需要做的就是，为宝宝提供一个适宜的环境，让他通过内在导师的指引自发地学习。只有这样，宝宝才能把书写更顺利地进行下去，而不会成为孩子的负担，就会达到一种水到渠成的效果，让宝宝体验到探索感知的乐趣！

🐻 蒙氏支招DIY

宝宝处于书写敏感期，写字的欲望异常强烈，他们会把书写变成生活中的乐趣。所以，爸妈要及时抓住宝宝这种渴望书写的愿望，帮助他们顺利度过这个特殊的时期。

● **锻炼小手的灵活性。** 握笔书写能使宝宝的小肌肉及手腕的发展得到系统的提高和锻炼，在宝宝还没有进入书写敏感期时，就应该和宝宝多玩一些锻炼手指灵活性及控制能力的游戏，为接下来的书写预热，如穿珠、拣豆粒等。

● **引导宝宝正确握笔。** 许多宝宝用五指握笔，写画起来显得笨拙可笑。平时应注意宝宝的握笔姿势，教他们掌握正确的握笔方法，为宝宝做出正确的示范。有意锻炼宝宝三指捏物的动作，只有熟练掌握三指捏物的动作，才能更容易地掌握握笔的方法，写写画画也能更顺利。

● **鼓励宝宝去进行"创作"。** 宝宝多数是从画线开始的，可以给宝宝找来些几何图案，练习画方框、三角、圆，然后再指导宝宝在这些图中填色。只要宝宝敢写想写，不管是一个点还是一条线，都要予以鼓励，让他们体验自己"创作"的快乐，激发他们书写的兴趣。

● **触摸更有助于记忆。** 可以将数字、字母、笔画等用厚卡纸做成可用手指临摹和描摹的形状，让宝宝通过视觉、听觉和触觉来感知和认识这些字符。通过感官的配合和肌肉运动，使宝宝对字符加深记忆，产生自发性的书写能力。

● **给宝宝提供各种有趣的书写方式。** 宝宝对感兴趣的事情更有坚持性，可以多和宝宝玩沙地写字、作画的游戏，或者为宝宝搞一个谷物盘，如将玉米面、小米等平铺在桌面或容器中，让宝宝用小手指在上面反复书写自己喜欢的数字或符号，培养宝宝的手感和读识能力。

👶 蒙氏小语 ♡

要想拥有写字的能力，必须先经历写字的预备过程。只有当小肌肉发展运动机制成熟时，儿童才能够通过与环境的互动，自发地产生书写的行为。

快乐识字，走到哪读到哪

宝宝有了识字的愿望，就让他大声地读出来，给他提供各种机会，见多才能识广。

🧒 故事的天空

5岁的峰峰对文字产生了浓厚的兴趣，见到认识的字就高兴地去认读。他最喜欢坐在爷爷自行车的小座位里，满大街去读店铺招牌、广告牌等。遇到不认识的字，就问爷爷，然后反复地去读认。

有一天，他和爷爷到河边玩耍，爷爷支好自行车后，站在那里边做扩胸运动，边看着远处的风景。

峰峰四处张望着，发现旁边草地上立着一块矮矮的牌子，上面有八个绿色的字，小家伙张口就来："爱护花草，人人有'贵'。"

爷爷听后觉得很奇怪，赶紧停下运动，把目光收回来，原来，上面的字是"爱护花草，人人有责"。小家伙认识"贵"字，还不认识"责任"的"责"。于是，爷爷反复地给他讲"贵"与"责"的不同。

回到家后，爷爷开心地给大家讲孙子的识字趣闻，引来全家人的一阵大笑，峰峰的爸妈也纷纷讲他们带孩子出去时的情景。

妈妈说："那天我带他去咨询学前班的事宜，到了门口，他就大声念出'七色光幼儿学前都'，我听后赶紧抬头看去，原来是'七色光幼儿学前部'，他把'部'误认为'都'了。"

爸爸接过话茬说："他还把'大槐树'念成了'大鬼树'，把人家的偏旁都去掉了。"

峰峰并没有留意大人们在讲自己的笑话，他正站在茶几前，把上街收集来的各色广告纸摊开，认真地念着上面的字。有的字念得很顺溜，有的地方磕磕巴巴的，遇到不认识的字就喊爷爷来当顾问。

别看小家伙经常念错字，可是识字的积极性一点儿不减，这不，又跟着电视的流动字幕快乐识字呢！

吕姐爱心课堂

宝宝的阅读敏感期一般出现在4～5岁，在这个时期，他们热衷于到处去识字，对图书、报纸、广告牌、宣传画等一切有文字的东西都感兴趣，喜欢追问上面的文字，并反复指读。蒙台梭利指出："如果父母能捕捉到儿童的阅读敏感期，及时为他们选择合适的读物，培养其识字阅读的兴趣，就能使孩子养成爱读书的好习惯。"所以，在宝宝阅读敏感期到来之际，要多给他们提供识字的机会，让他们尽情地去看、去读。

宝宝在3岁以前，分辨字的能力很弱，他们的记忆方式是以图片式的记忆为主，当看一个字时，完全像看画一样，不会区别字的笔画和结构。而3岁以后，随着形象思维的发展，宝宝对字的形状开始有初步的认识，能够分辨出字和字的大概不同，但并不能真正理解字的笔画、结构和含义。许多宝宝之所以到4岁多喜欢到处认字，是因为此时他的抽象思维开始发展，他不仅通过有形的东西去分辨不同事物之间的区别，还能够理解其深层次的含义。这时，宝宝会由无意识关注字，转变为有意识去发现生活中的字。由于在思维方面已经做好了准备，宝宝识字自然是水到渠成的事了。

许多爸妈觉得早一些教宝宝识字，就可以开发他们的智力，完全不顾孩子能否理解，是否有兴趣。蒙台梭利认为："假如我们急不可待地对儿童解释这些印刷符号的含义，我们就可能扼杀他们的兴趣和强烈的探究能力。过早地强求他们通过阅读来识字也会产生一种消极影响，追求这些并不很重要的东西会削弱他们生机勃勃的心灵的能量。"为此，4岁以上是宝宝识字比较敏感的阶段，只有在这时，他们才会主动出击，热情高涨。

蒙氏支招DIY

教宝宝识字不仅有利于丰富宝宝的语言，还能锻炼宝宝的思维能力。宝宝在敏感期里到处主动认字，是一次不容错过的机会。不要以为宝宝会永远对识字感兴趣，在他们发育进程中，各种兴趣都具有阶段性。如果不能及时抓住识字敏感期，宝宝将会很难再现昔日的那份热情。

●**给宝宝提供识字的机会**。为了让宝宝喜欢上文字，应多带宝宝走出家门，街头的广告、店铺的招牌具有色彩感、形体感，很容易吸引宝宝的目光，引起他们识字的兴趣。书店也是识字的好场所，那里图书品种多，仅从书脊上就能让宝宝认识很多字，尤其是封面、封底上的字，字号大、色彩鲜艳，更容易抓住宝宝的眼球。

●**为宝宝创设识字环境**。可在宝宝的房间挂张识字彩图，客厅挂些名人字画，家中最好有一个书房，书橱里的书要对宝宝开放，任他随意翻阅。

●**趣味捉迷藏**。准备一些识字卡片，把字卡藏起来，然后让宝宝去找，每找到一张让宝宝读一读，如果宝宝不认识，教宝宝多读几遍。也可以让宝宝把卡片拿在手里让妈妈猜，如妈妈说"碗"，猜中的话，宝宝再换一张，猜不中接着猜，3次猜不中就要罚妈妈唱歌。或者反过来，让妈妈拿着字卡宝宝猜。

●**读卡片找玩具**。在桌子上或地上摆一些玩具或用具，每个物品都有一张写着名称的卡片，把这些卡片混放在一个盒子里，让宝宝从盒子里任意拿出一张，然后准确地读出来，并根据卡片上的名称找出相应的玩具。

●**摸瞎识字**。把字卡撒在地上，用毛巾给宝宝蒙上眼睛，让宝宝随意捡起一张字卡，然后掀开毛巾认读上面的字。也可以让宝宝到卡片里把认识的字找出来，剩下不认识的字每次拿给妈妈一张，让妈妈教给宝宝。

蒙氏小语 ♡

如果父母能捕捉到儿童的阅读敏感期，及时为他们选择合适的读物，培养其识字阅读的兴趣，就能使孩子养成爱读书的好习惯。

倾情解读蒙台梭利早教精髓

先学书写，阅读兴趣更浓厚

要想让宝宝顺畅地阅读，先要培养他的书写习惯。有了书写的底子，宝宝阅读的兴趣会更浓。

故事的天空

嘟嘟4岁半了，妈妈见他总是乱写乱画，就给他买了写字板，让他在上面写字，然后擦掉还能重复利用。

自从嘟嘟有了漂亮的专用写字板，更加激起他书写的欲望，每天都很投入地在上面写写画画，家中的墙壁、门扇、柜子终于不再被他当作画板。

为了让孩子有意识地写，而不是漫无目的地瞎画一气，妈妈拿出识字卡片，让他照着上面的字去写。嘟嘟照葫芦画瓢地"画"了几个字，很有成就感，觉得自己长大了，能像妈妈一样写字了，小脸笑得格外灿烂。

当妈妈念出嘟嘟写的字后，嘟嘟更高兴了，他又有了认识自己所写的字的强烈愿望，于是妈妈让他边写边念，目的就是让他在学会写一个字时，也要认识这个字。在妈妈的引导下，嘟嘟进步很快。

妈妈的初衷是禁止孩子乱写乱画，没想到把孩子引到读写识字的正途上来。更令她感到吃惊的是，自从孩子学习书写以来，不仅强烈要求认

识每一个字，而且最近还迷上了读书。

前两天，妈妈从书店给嘟嘟买来了童话故事，小家伙接过新书高兴地打开，张口就读了出来，而且是一大段文字。以前妈妈也给他买过许多带彩色图片的书，可嘟嘟大都是胡乱翻几下就扔到一边。没想到，如今他对图书却爱不释手起来。

从那以后，嘟嘟在临睡前不再听妈妈讲故事了，而是换成他给妈妈朗读故事，妈妈成了听众。

吕姐爱心课堂

一般说来，我们总是认为孩子应该是先会阅读，然后才是书写。蒙台梭利却发现："幼儿的书写和阅读都是自发性行为，有其一定的发展规律，而且孩子的书写行为发展早于阅读。"于是，她打破常规，把写字的练习排在阅读练习之前。她认为当孩子学会了写一些字后，就会对阅读充满渴望和期待，这时若及时予以引导，孩子阅读的兴趣会更浓烈。

人的肌肉感觉在婴儿时期最容易发展，所以书写对于宝宝来说并非难事，它只是用手部活动，将声音转变成符号，这使宝宝感到既容易又愉快。而阅读并非如此，需要更高等级的智力发展才能进行。因为阅读需要的是对有关符号进行解释，为了更好地理解话语，还需要嗓音的变化调整，这些都是纯粹智力性的工作。儿童书写能力的发展往往伴随着简便性和自觉性，而阅读却与抽象智力文化紧密相连，它是对来自符号象征系统的概念所作的解释，这种能力只能在幼儿后期才能获得。

当宝宝只是照猫画虎地写了一个字且能正确读出时，并不能称之为阅读，他只是把符号重新转化为声音而已。只有当他把所写的图形符号转化为一种思想，才是真正意义的阅读。如宝宝认识了"山"，并不知道山的含义，也不会联想到现实中实体的大山。但宝宝能够阅读后，把"山"摆在面前，他就会明白其含义，知道是妈妈带他爬过的"山"。

阅读是要读懂别人的思想，而书写是一种自我表达。当宝宝学会写字后，会迫切地产生阅读需求，爸妈一定要给宝宝创造必要的阅读环境和条件，及时引导宝宝爱上阅读，养成阅读的好习惯。但爸妈也不可过于功利主义，急于让宝宝学会多少字，读多少书，而应以引导孩子对文字产生兴趣为主，然后逐步去拓展。

蒙氏支招DIY

在阅读关键期，宝宝有一种对文字的强烈爱好和探索愿望，会经常主动地去翻看一些有文字的东西，并总是想尽力地把它读出来。当宝宝有这种强烈的欲望时，爸妈

倾情解读蒙台梭利早教精髓

应及时予以引导。

●**读写短句练习宝宝的阅读能力。**给宝宝制作一些写有短句的卡片，让宝宝读，照着上面的字去书写。内容最好和宝宝生活有关，如"我们出去玩吧""把玩具宝宝送回家""先洗手再吃东西"等。为了让宝宝热衷参与，可以采用游戏的形式进行。当宝宝能连续地识别卡片上的短句，就已经形成阅读的雏形。

●**用笔和宝宝进行交流。**宝宝有了一定的书写能力和认识一些字后，为了让宝宝有更加浓厚的兴趣，爸妈可以和宝宝进行简单的笔谈。每天抽出一定的时间和宝宝一起坐在桌前，如妈妈在一张纸上写"你玩了哪些玩具"，然后把纸张放到宝宝面前，宝宝用笔写道："玩了积木和小汽车。"这样一来一往的笔谈，在增加趣味的同时，又引导了宝宝掌握语言的含义，使宝宝真正走入阅读的世界，轻松地进行阅读。

●**营造读书氛围。**家中尽量多些书籍，特别是适合宝宝看的书籍，要放到宝宝看得见、摸得着的地方，便于宝宝随时取用翻阅，从而培养宝宝对书的喜爱。为了让宝宝爱上阅读，家中的读书氛围要浓烈，爸妈先要和书做朋友，每天都要有固定的读书时间，给宝宝树立起爱读书的好榜样。带孩子逛书店、去图书馆，都可以令宝宝对书产生兴趣。

●**提供相宜的图书。**选择图书应该以宝宝的需要为主要原则，形象性、直观性、故事性强的图书是首选。因为这些专门为孩子制作的图书，能引起他们的共鸣，符合他们的心理需求。

蒙氏小语 ♡

　　幼儿的书写和阅读都是自发性行为，有其一定的发展规律，而且孩子的书写行为发展早于阅读。当孩子学会了写一些字后，就会对阅读充满渴望和期待，这时若及时予以引导，孩子阅读的兴趣会更浓烈。

数学迷宫，妙趣横生

数学是一门科学，但与生活息息相关，距我们并不遥远。可以说，我们就生活在数学的王国里。把枯燥的数字设计成有趣的迷宫，可以让儿童乐此不疲地喜欢上数学。

——蒙台梭利

阅读时间：<u>30</u>分钟　　　　受益指数：★★★★★

多彩的数学环境，宝宝爱上数学没商量

给孩子布置一个良好的数学环境，让他们长期"浸泡"其中，自然而然就会对数学产生浓厚的兴趣。

故事的天空

也许淘淘妈妈是数学老师的缘故吧，她总是利用一切可以利用的机会为孩子创设数学环境。吃完苹果，让淘淘数苹果籽；吃葡萄时，先数出2粒，吃完后又数出3粒；就是走路也要数走几步。结果，小淘淘对数学十分感兴趣，愿意和妈妈玩这些有趣的"游戏"。

在生活中，淘淘妈妈不仅与孩子进行数学游戏，还把家变成了一个数学趣味屋。孩子的床头贴着五颜六色的各种几何图案，当淘淘坐在床上时，就可以看到这些图形。妈妈经常指着其中的图形问淘淘，让他来回答是什么形状。在窗前，妈妈还悬挂了一串高低不同的风铃，只要淘淘走到窗前，总是去数数有几个风铃。

可以说，在淘淘的生活环境中，数学无处不在。爸爸妈妈的床上有两只枕头，而淘淘的小床上却只有一只。玩具熊从大到小有4只，不同型号的玩具小汽车有7辆，长的玩具枪有1支，小手枪2支。妈妈还给每一个玩具编上了号，只要妈妈说出几号，他就能按照号码准确地把玩具拿出来。

总之，淘淘的生活被数学所"包围"，处处都有可见的数学。就是在这样的环境

中，3岁的淘淘对数学充满了迷恋。

吕姐爱心课堂

　　许多人都觉得数学比较枯燥，让孩子喜欢上数学是很难的事情。的确，数学是一门抽象且系统性、逻辑性较强的学科，它同语言和文字不同，我们每天说话，也经常写字，却不天天数数，更不会拿本数学书作为茶余饭后的消遣和谈资。因此，没有一个良好的数学环境和父母的引导，很难让宝宝自发地进入数学天地。

　　给孩子提供一个适宜的环境，是蒙台梭利教育体系的中心，也是蒙台梭利教学方法的特点。她认为："只有给孩子一个有准备的环境，他们才能自主地进行学习和成长。"数学教育也不例外，同样需要环境的刺激。只有生活在一个充满数学趣味的环境中，将抽象、枯燥的数学知识用美丽多彩的图案和具有可操作性的实物表现出来，使数学变成看得到、摸得着的东西，才能更好地培养起宝宝学习数学的兴趣。就像淘淘妈妈一样，她把数学情趣植入到生活当中，在淘淘眼里，数学是一项直观、有趣，又可进行动手操作的好玩游戏，淘淘自然不会拒绝数学，且趣味很浓，爱上数学没商量了。

蒙氏支招DIY

　　当宝宝置身于浓厚的数学环境中，在好奇心的驱使下，通过积极感知、尝试、摆弄，积累感性经验，使他们觉得数学就在自己身边，数学原来也是很好玩的，就会主动融入其中，并津津乐道起来。

　　●巧用实物培养宝宝的数学兴趣。在为宝宝创设数学环境时，要让他们感觉到好玩才行。阳台上开辟出一块地方，把喝完的易拉罐罐口去掉，里边放上土壤，栽培些不同的植物，如两罐辣椒、三罐蒜苗、一罐黄瓜，每天让宝宝给这些好看的植物浇水、松土，还要让宝宝数一数有几罐辣椒、几罐蒜苗、几罐黄瓜，每一罐里有几棵秧苗，有果实后再让他查果实、算果实。你还可以将这些易拉罐编上号，让宝宝每天按照编号去认数字，或者让宝宝数数五号罐中有几棵植物，宝宝一定会感到更有意思了。通过和这些植物的亲密接触，将抽象、枯燥的数学知识变成了看得见、摸得着的实物，他们对数学就有了直观感受。

●**宝宝身边的数学奥秘**。在宝宝的床头上，最好贴上各种好看的数学知识图片，如三只羊、一条狗、五个拇指饼干等，让宝宝随时可以看得见。这样宝宝将数、形、序收进视野，融入大脑中。在窗框上钉一个钉子，挂上一串五颜六色的幸运星或塑料瓶盖，让宝宝练习数数；在玩具柜上，贴上与实物相对应的标记；在宝宝的小书架上粘贴色彩鲜艳的几何图形标记等。宝宝生活在这样的数学环境中，会有意无意地去感知数学，体验数学的变化，从而积累更为丰富的数学经验。

●**必须具备可操作性**。宝宝学数学其实就是一个"做"的过程，因为抽象数学思维是在具体的动作基础上发展起来的，一定要让宝宝动手去做才能加深印象，有兴趣有激情，并通过操作来获得经验和体会。所以，给宝宝提供的材料一定是能动手做的，几何板、分类盒、数字串珠、套筒、豆粒、长短不一的小木棍、能用来测量的毛线，就是孩子吃的饼干、水果也可以当成教具。

●**将整个家布置成数学课堂**。在家中创设数学环境时，不要局限于一面墙、一个角，而是把整个家都充分利用起来，既有平面的，又有立体的，处处都能让宝宝感受数学的趣味。这样一来，宝宝在进进出出中，毫不费力地获得了数、形、量的知识和经验，充分调动了宝宝的各种感官参与数学活动，使他们在自主、宽松、愉悦的氛围中学习与活动，自然就提高了数学能力。

蒙氏小语♡

数学是一门抽象且系统性、逻辑性较强的学科，没有一个良好的数学环境和父母的引导，很难让宝宝自发地进入数学天地。因此，一定要为孩子布置一个适宜的、丰富多彩的、具有可操作性的数学环境。

倾情解读蒙台梭利早教精髓

日常生活情境，潜移默化提高宝宝数学智能

数学看似与生活无关，其实生活中处处都有数学的存在。只有在日常生活中让孩子与数学多接触，他们才会感到数字的鲜活和有趣，在潜移默化中使其数学智能得到大大提高。

故事的天空

"上街喽！上街喽！"三岁的尚尚跑在妈妈前边，兴奋地喊着。边跑边用右手捂着裤兜，他怕把装在裤兜里的十元钱跑丢。

街头的自由市场，尚尚已经站在西红柿摊前等妈妈了。出门时，妈妈决定买三个西红柿做西红柿炒鸡蛋。这个数字一直在尚尚的心里默记着，有时怕忘了，还停下来问妈妈是不是买三个西红柿。

妈妈挑好了西红柿，尚尚蹲在地上数着："一个大西红柿，两个大西红柿，三个大西红柿。"反复在塑料袋里数了好几遍，才站起来去掏裤兜里的钱。

妈妈说："三个西红柿需要九毛钱。"然后俯下身子问："一个西红柿是几毛钱。"

尚尚答不上来，站在那里挠着头发。

妈妈启发道："一个西红柿三毛钱……"

尚尚开始扳指头，数出三个指头，说："一个西红柿，"然后再数出三个指头，"两个西红柿，"最后数出三个指头，仰起脸来告诉妈妈，"三个西红柿。"

妈妈问："然后呢？"

尚尚又查了一遍手指头，说："九个指头。"然后把十元钱掏出来。

卖菜的阿姨一边找钱，一边夸着："这孩子聪明，长大了数学一定学得好。"

尚尚自豪地接过找回的零钱，随着妈妈去买别的东西了。

别看尚尚年纪小，却是妈妈的好帮手，上街购物让尚尚去结算，在家里洗水果，由尚尚往果盘里装。妈妈在生活中总是有意识地锻炼宝贝儿子的数学能力，功夫不负有心人，小家伙对数字可敏感了，就是帮妈妈择菜，也要数一数，算一算。

吕姐爱心课堂

数学就在生活中，尽管没有语言那样利用率高，但现实生活中包含着大量的数学信息。宝宝们几乎每时每刻都在与数学打交道，他们一天出几次门，喝几次水，吃了几个水果，玩了几种玩具，穿了几件衣服，这些生活中的点滴小事，哪一种不包含着数学信息呢？

蒙台梭利认为："数学的学习与我们日常生活中学习讲话没有什么区别。"可是很少听人抱怨学习讲话很难，而抱怨数学难懂的却大有人在。数学真的很抽象吗？其实并不是这样的。蒙台梭利认为这完全在于教学方法的差异，她利用日常生活中遇到的数学问题对儿童进行算术教学，并将其与感觉教育联系起来，结果收到了可喜的成果。

是的，如果把数学融入到日常生活中，孩子多半不会拒绝，如尚尚在购物时参与其中，在购物过程中无形就接触了数学知识，他非但不感到抽象，反而觉得很有趣，并乐在其中。宝宝从幼儿园回来，问问他的班级里有多少小朋友，自己的班级号，有几个老师，有多少个男孩、多少个女孩，有几种玩具等，多问这些具体问题，他总会很愉快地告诉你的，这就无形中唤起了孩子的数学感知。

在日常生活中，只要爸妈善于引导，宝宝在轻松自然的生活情景中就可获得大量的数学知识和经验，从而增强他求知的欲望和学习数学的兴趣，以使宝宝得到更多发展的良机。如让宝宝帮妈做家务活：分碗、分筷子、摆椅子等，使他们在熟悉的人、事、物中发现数学、理解数学，感知并运用数学。在这样的潜移默化中，宝宝的数学能力将会不断得到提升，也会更加喜爱数学的。

蒙氏支招DIY

在日常生活情景中，要让数学变得有趣起来。当宝宝遇到各种与数字有关的有趣问题时，会刺激他们主动进行数学思考，并积极参与其中。因此，爸妈要在日常生活情景中为宝宝建构数学概念提供机会，以使他们在轻松愉悦的氛围中提升数学智能。

●**购物小主角**。宝宝能独立购物，首先要认识到钱的作用，平时多让宝宝辨认小额钞票，当购物时，让宝宝去付账。宝宝通过付钱学会了简单的计算，又通过结账建立了责任心和自豪感，就会积极参与每一次购物。

●**家庭小帮厨**。3岁以上的宝宝小手已经很灵活了，不妨让宝宝经常下厨房，让他做妈妈的小帮厨。如让宝宝拿1根黄瓜、5棵油菜、3杯水、2勺盐等。宝宝不但巩固了数的概念，还养成了爱劳动的好习惯。

●**小小服务员**。每餐都要给宝宝围上小围裙，让宝宝负责分发碗筷，告诉他给每个人分发一个碗、两根筷子和一个汤匙。吃完饭，还要让宝宝参与清洗工作，安排宝宝把洗好的碗筷、杯碟按大小、样式等不同方式分类摆放。

●**客厅中也有数学**。家中的时钟就是很好的教具，表盘上的阿拉伯数字，时、分、秒的认识都可让宝宝对数学产生兴趣。电话机旁可放一个电话号码本，当打电话时，让宝宝找出需要的号码，宝宝念号码，爸妈来拨号。也可以让宝宝边念边拨号码。

●**有趣的玩具柜和衣物柜**。把宝宝的玩具柜比喻为玩具的"家"，每次让宝宝玩完玩具后，将玩具送回家。玩具柜按照颜色、类别、功能等分类，看宝宝能否准确按要求摆放。把宝宝的衣物柜比作"仓库"，让宝宝按时把衣服放回仓库。衣物按外套、裤子、内衣等分类放置在不同的橱柜里，让宝宝熟悉分类方式。

蒙氏小语 ♡

数学的学习与我们日常生活中学习讲话没有什么区别。人们之所以抱怨数学难懂，并不是数学枯燥和抽象，而是由于教学方法不当导致。如果利用日常的生活情境对孩子进行算术教学，孩子就会很容易地理解和喜爱数学了。

有趣的数学游戏，在玩耍中建构宝宝的数学能力

为孩子创设一个有趣的游戏环境，让宝宝在玩耍中认知数学，在快乐中领略数学的魅力，远比枯燥的灌输更容易使宝宝接受。

故事的天空

晚饭后，腾腾端出一盘洗净的甜杏来招待邻居刘阿姨和她的女儿莉莉。

腾腾妈妈平时喜欢和孩子玩数学游戏，今天有了2个小朋友，玩性更是大发，她决定4个人一起玩搬运甜杏的游戏。由腾腾妈妈发放，两个小朋友负责运输，交到坐在茶几另一边的莉莉妈妈那里。

腾腾妈妈先给每个孩子2颗甜杏，说："这是2颗。"

两个孩子接过甜杏后分别说："2颗。"然后走到另一端，放到莉莉妈妈面前的空盘子里。

每一次孩子都会接到颗数不等的甜杏运到另一边，他们很乐意做跑运输的"小司机"，期待着有甜杏落到自己的小手里。

这时腾腾妈妈说："0颗。"

两个小家伙伸着小手等了半天，腾腾妈妈就是不递给他们甜杏，便要求着："我要0颗甜杏。"

腾腾妈妈说："0颗就是没有。"

两个孩子不明白，瞪着大眼睛看着腾腾妈妈。

为了让孩子明白"0"的概念，腾腾妈妈把剩下的甜杏都拿出来，指着空

盘子说："现在盘子里还有没有呀？"

两个孩子异口同声地说："没有。"

腾腾妈妈说："对了，没有就是0颗。"然后，她宣布："当我说0颗时，你们可以空手回到另一边。"

腾腾妈妈把1颗甜杏放到莉莉手中，说："1颗。"而在腾腾伸出去的小手上用手指虚点了一下："0颗。"

莉莉复述着"1颗"高兴地跑开了，腾腾也复述了一下"0颗"后，空手跑开了。

经过几次来回奔波，两个孩子终于知道，"0"就是没有，而没有就不必再等着腾腾妈妈发放了。他们都乐不可支地等着被发放"0颗"，嘴里还说着"0就是没有"，然后开心地哈哈大笑着。

吕姐爱心课堂

将抽象的数学知识融入到快乐的游戏当中，更能激发宝宝的活动兴趣，促进思维的积极开展，从而在玩耍中提高宝宝的数学能力。

蒙台梭利认为："由于成人提供错误的数学教育方法，使得孩子们不仅感到学习数学困难，而且还丧失了本该对数学具有的浓厚兴趣。"的确，在现实生活当中，数学教学大多采用讲演演示法，让孩子通过记忆，重复做作业来达到目的，结果孩子感到乏味无趣，没有了学习的动力和欲望。

游戏是一种有趣的、能令宝宝乐于接受的学习方式。借助游戏情节，可以将数学教学的目的和内容巧妙地转化为游戏本身的内容和规则，使宝宝从活动过程中感受和理解数学，积累丰富的数学经验，体验成功的乐趣。如腾腾妈妈用游戏的方法，让两个孩子很容易地就理解和掌握了"0"的概念，这是枯燥讲解多少遍也难以达到的效果。

和宝宝一起做游戏时，一定要让宝宝当主角，爸妈做好配合工作。当宝宝遇到困难时，不要急于帮他解决问题，而是给宝宝时间，让他自己去反复摸索，得出经验，这样可以使宝宝记得更牢固，印象更深刻。

蒙氏支招DIY

和宝宝一起玩亲子游戏，可以轻松把宝宝领进神奇的数学世界，让宝宝乐此不疲，喜欢上数学。

●**欢天喜地跳字格**。妈妈可以用粉笔在每块地板砖上写一个数字，从1到10。然后妈妈在一边说"5"，宝宝跳到相应的数字上。这个游戏既可以让宝宝快速认识数字，还能很好地锻炼宝宝的跳跃能力。在游戏中也可和宝宝变换着玩，让宝宝喊数字，妈妈来跳。

●**树叶带来的数学乐趣**。带宝宝出去玩耍时，可因地制宜地让宝宝去收集一些喜欢的树叶，然后妈妈在地上用树枝写上1~10的阿拉伯数字，让宝宝把捡来的树叶按照数字1放1片，数字2放2片，依此类推一直放到数字10。还有一种玩法是，妈妈说要4片树叶，宝宝立即从收集来的树叶里挑出4片递到妈妈手上。这两种玩法可以让宝宝直观地学会数字1~10，并了解数名、数字、数量之间的对应关系。

●**数汽车游戏**。在遍地都是汽车的今天，汽车也能成为宝宝学习数学的工具。在路边的安全地带，让宝宝数过往的车辆，妈妈计时，看1分钟内共有多少辆汽车经过。到了停车场，可以让宝宝数数不同颜色的车有多少种，每个颜色的车有多少辆。如果汽车少，还可以让宝宝去数数汽车轮子。

●**小小采购员**。把家中的客厅布置成一个小卖部场景，柜台上放些物品，如玩具、碗筷杯盘、水果、小食品、学习用具等。由爸妈来扮演售货员，给宝宝一些零钱，让宝宝来买东西。这个游戏可以使宝宝对数字、金钱有一个清晰的概念。

●**给家中的物品归类**。把家中的一些小物品放到一处，让宝宝进行分类。如将衣服、毛巾、浴巾、袜子等混合在一起，让宝宝根据不同的颜色、大小分成几个组。也可将香蕉、苹果、橘子、饼干、面包、方便面混放在一起，让宝宝按水果和食品进行分类。在分类过程中，要引导宝宝注意数字方面的知识。如让宝宝挑出所有红色物品，然后数一数共有几件。这无形中锻炼了宝宝的计算能力。

●**配对游戏**。事先准备苹果、梨、香蕉、橘子各2个，4个塑料果盆作为水果的家"，在果盆上分别贴上苹果、梨、香蕉、橘子的图案，然后要求宝宝把水果送回"家"。在游戏中指导宝宝进行水果配对，将水果放到相应的果盆里。

●**排序游戏**。准备红色、白色、黄色瓶盖各4个，散放在一起，要求宝宝按颜色给瓶盖宝宝排队。爸妈可以先给宝宝做示范，摆一个红色瓶盖，再摆一个白色瓶盖，然后按照红—白—红—白的顺序排列整齐，引导宝宝做不同的排序方法。

🧒 **蒙氏小语** ♡

　　游戏是一种有趣的、能令宝宝乐于接受的学习方式。借助游戏情节，可以将数学教学的目的和内容巧妙地转化为游戏本身的内容和规则，使宝宝从活动过程中感受和理解数学，积累丰富的数学经验，经验成功的乐趣。

把握关键期，让数学教育事半功倍

在敏感期内的宝宝比较乐于接受新知识。如果在数学敏感期内没有得到及时的教育和引导，宝宝可能会一生提起数学都头疼。

故事的天空

3岁半的风风最喜欢玩具汽车了，他拥有卡车、警车、运钞车、装甲车、导弹车、翻斗车、房车、小轿车、吊车、铲车等各式各样的玩具车。这些玩具车是他的最爱，每天都把玩不够，只要把他放在玩具汽车堆里，就尽管去做别的事情吧，这些玩具车就把他哄得开开心心。

有一天，妈妈做完家务来看风风，没想到他竟然把这些玩具车排成了一列纵队，嘴里还嘟嘟囔囔地数着："1、2、3、4、5……"

5 是他能数得过来的，再往后他就乱了。妈妈马上意识到，大概孩子对于数字的敏感期到了，以前他从来不去数这些车子，只是爱把它们排成长长的一队，像摆火车似的推来推去，或是将它们四散摆开，自己坐在车子中间，想玩哪辆就随手拿过来玩上一阵子，然后随手放到一边。

妈妈指着一排汽车问："装甲车排在第几位呀？"

风风用小手指从头查起，第一辆是导弹车、第二辆是运钞车，当指到排在第三位的装甲车时，小手不动了，嘴里说出"3"，显得很高兴的样子。

于是，妈妈和他玩起了数汽车的游戏，风风很投入地忙着搬弄着他的小汽车，妈妈说"1"时，他把警车拿过来单独放到一边，妈妈说到"2"时，他把铲车拿过来排到警车的后边，还用小手指数一遍，嘴里说着"1、2"。

从那时起，妈妈每天都腾出时间和孩子玩这种游戏。半年多时间过去了，风风不仅能数100个数字，还会加减法了呢！妈妈说3辆车，再加2辆车，小家伙经过一阵摆弄，果然能把5辆车放到一起。

🙂 吕姐爱心课堂

生活中我们常见到一些人，一提数学就头疼，最怕做与数学有关的事情。其实，这大多是在数学敏感期内没有得到及时的教育和引导，从而错失了这个关键期而导致的。心理学家发现，一个人对数学喜欢、厌恶还是恐惧，多数是在幼儿阶段造成的。因此，抓住关键期进行教育，往往可以取得事半功倍的效果。

蒙台梭利十分重视幼儿数学的教育，她认为幼儿期是人类数学能力开始发展的重要时期，如果能在关键期内对孩子进行科学、系统并且具有个性化的训练，孩子相应的数学能力就会得到理想的发展。而一旦错过了关键期，则会导致孩子发展不足，就算日后花费几倍的气力也是难以弥补的。若是在关键期内，非但没有给予孩子科学的引导，反而使他受到非科学而杂乱的教育，则会严重影响孩子数学能力的发展，给今后的发展造成阻碍。

蒙台梭利还把数学敏感期分成几个阶段，她认为，孩子的数学逻辑能力的萌芽出现在1～3岁，这个阶段他们对事物之间的排序、分类、配对表现出浓厚的兴趣；而数字、几何图形及测量敏感期则出现在4岁左右，在这个时期内，他们对数字、几何图形及测量表现出强烈的学习愿望；5岁是孩子掌握数学概念、进行抽象运算及综合数学能力开始形成的关键时期。

生活中，爸妈要做一个有心人，及时发现和捕捉宝宝的敏感期。当宝宝对排序、配对、数字、数量关系、数的运算等突然产生了极大的兴趣时，这标志着他们的数学敏感期到来了。爸妈要针对宝宝在不同时期不同的学习需求给予适当的刺激，提供必要的教具及良好的学习氛围，使宝宝的数学能力得到迅速发展，并受益终身。

🐻 蒙氏支招DIY

许多爸妈为宝宝数学学不好而苦恼，其实，如果能在宝宝数学的敏感期内有意识地让他们在玩乐中学习数学，这个问题就轻松地迎刃而解了。

●**兴趣培养是关键**。在引导宝宝学习数学时，不可强硬灌输，兴趣培养是最关键的一步，孩子有了兴趣，才能产生动力，并可以延伸到生活当中去。所以，在宝宝数学敏感期里，要为宝宝创设适宜的环境，多与宝宝互动，把数学融入到生活的方方面面，让宝宝乐在其中，玩在其中。

●**提供可操作的材料和物品。**宝宝学数学要通过操作来获得经验和体会，他们的抽象数学思维是在具体的动作基础上发展起来的。因此，爸妈要为宝宝提供操作与体验探索的机会和材料，如积木、游戏棒、扑克牌、瓶盖、纽扣、豆子、杯子等，让宝宝在动手操作中获得有关排序、分类、配对、比较等数学知识和技能，掌握粗浅的数学概念。

●**拔苗助长不可取。**要依据宝宝的年龄特点和认知水平进行数学启蒙，把超前的数学内容灌输给宝宝，他们非但接受不了，反而会认为是一种负担。脱离宝宝的实际而盲目拔高，只会带来适得其反的效果。

●**要把枯燥的数学形象化、具体化。**枯燥的数学知识会影响宝宝的积极性，单纯地让宝宝数数，不如数字歌里的"1像铅笔能写字，2像小鸭水上漂"更令宝宝感兴趣。多设计一些与宝宝年龄段相符合的游戏，在玩耍中去学习是最高的境界，也是宝宝最喜欢的。

蒙氏小语 ♥

幼儿期是人类数学能力开始发展的重要时期，如果能在关键期内对孩子进行科学、系统并且具有个性化的训练，孩子相应的数学能力就会得到理想的发展。而一旦错过了关键期，则会导致孩子发展不足，就算日后花费几倍的气力也是难以弥补的。

第五章

感官教育，开启宝宝智力门户

对于小宝宝而言，感官不仅是他们自然生理发展的一部分，更是接触和认识世界的第一个通道，心灵可以凭借感官经验变得极其灵动。蒙台梭利说："感官是心灵的窗户，是用来理解、领悟外界各种形象，感受外界事物刺激的器官，它对大脑思维必不可少。"

视觉，捕捉灵动的世界

视觉能在第一时间为人提供准确的信息，从而为决断做出参考。所以，视觉是捕捉灵动世界的利器。如何擦亮这个利器，需要从婴幼儿时期开始训练。

——蒙台梭利

⏱ 阅读时间：<u>25</u>分钟　　　🎓 受益指数：★★★

分辨大小、粗细，增强宝宝目测能力

眼睛是心灵的窗户，更是大脑的源泉。分辨事物的大小、长短、粗细等，是视觉的基本功之一，可以促进宝宝的智力发展。

👶 故事的天空

3岁的乐乐最近迷恋上了妈妈新买的一套木质立体插件。刚开始，乐乐面对漂亮的教具总是不得要领，更不懂得如何按顺序将这些大小、粗细不一的圆柱体一一归位，有时把最细的一根插到最粗的里边，而最粗的一根却无处可插。不仅如此，其他几根也多半找不对位置。小家伙蛮有耐心的，经过几天的摸索，他终于有些开窍了，每次都是把最粗的那根先插到位，然后再试验其他的。

妈妈并不出手相助，只是在一旁观察着。她发现乐乐越来越有经验了，他把所有的小圆柱摆在桌子上，一边用手挨个去摸，一边用眼睛不住地观察对比着，然后再去做调整。当他把一个小圆柱插进孔洞后，还用小手轻轻摇晃一下，看是否松动，以辨别插的对错。最后竟然按着大小顺序排列得一根也不差，圆满地完成了任务。

又过了些时日，乐乐不仅能从粗到细插，还能从细到粗来插。即使把小圆木柱混合得再乱，他也能根据自己的判断，准确无误地一次性插到位置。

随着自我探索经验越来越丰富，现在乐乐将两套、三套这样的教具混在一起，也能快速、准确地完成安插任务，还给爸妈和小朋友们表演呢！

吕姐爱心课堂

蒙台梭利这套教具设计得非常巧妙科学，可以说是寓教于乐。既让宝宝玩得尽兴，又锻炼了他们对于大、小、粗、细的感知能力。

由于人类主要是通过视觉来接收外界信息的，从视觉接受的信息量占信息总量的80％，所以视觉能力的发展与综合智力水平密切相关。经常对宝宝进行有效的视觉刺激，能大大提升他们的视敏度，使他们能够更清晰、精确地接受外界的信息与刺激，从而促进大脑的开发，提升宝宝的智力水平。

眼睛是心灵的窗户，眼睛更是大脑的源泉。在视觉训练中，与智力相关的基本能力就是分辨事物的大小、长短、粗细等。这种能力可以通过练习获得提高，在蒙台梭利的儿童之家中，那些4～5岁的孩子经过练习之后，其目测能力比8～9岁的孩子还有过之而无不及。

蒙氏支招DIY

引导宝宝分辨大小、长短、粗细，可以增强宝宝的目测能力，且对其智力发展也具有推动作用。爸妈要为宝宝提供更多的便利条件，让宝宝练就一双"火眼金睛"。

●提供教具。在生活中，适合宝宝练习目测能力的教具很多。凡是在外形上高度、宽度、体积渐变的物品，如大小不等的碗、高低不等的水杯、体积不等的石块、长短粗细不同的树枝等，都可以用来做练习的教具。就是孩子的玩具也可以拿过来做比较。水果中的香蕉可以用来比作长短、粗细，把苹果和葡萄组合在一起就可以比大小，黄瓜、茄子、豆角都适合用来比作长短粗细。

●套碗比大小。准备套碗或套娃一套，妈妈先拿出一个最大的和一个最小的，告诉宝宝，这个"最大"，那个"最小"，先让宝宝认识大和小。待宝宝熟悉了大、小后，再拿出3～4个套碗，让宝宝用眼睛仔细观察，做出比较。然后逐渐增加套碗的数量，将套碗次序打乱，引导宝宝用

眼睛观察对比各个碗的大小，然后将碗按照大小顺序依次排列整齐，再按照从小到大的次序依次把小碗套入大碗内摆放好。妈妈可以先给宝宝做示范，一边摆放一边说："这个碗小，这个碗大，小碗放进大碗里。"

●**哪个长，哪个短**。把10根塑料吸管按相差2厘米的长度进行截取，让宝宝观察这些吸管有什么不同。取出最长的与最短的比一比，问问宝宝哪个长，哪个短？再任意取两根比一比，哪个长，哪个短？ 然后指导宝宝给小吸管从最长的到最短的排个队。如果宝宝还不能独立完成排序任务，爸妈可先示范，让宝宝按照示范摆，直到能逐步自己独立摆好为止。

●**比较粗细**。用家中没用的挂历纸，卷制成粗细不等的3个圆纸棒。取出其中最粗和最细的两根，让宝宝观察相同与不同之处。然后把3根纸棒两两比较，让宝宝通过目测找出最粗和最细的。等宝宝有了粗细的概念后，再让宝宝练习由粗到细排序。

🧒**蒙氏小语♡**

经常对宝宝进行有效的视觉刺激，能大大提升他们的视敏度，使他们能够更清晰、精确地接受外界的信息与刺激，从而促进大脑的开发，提升宝宝的智力水平。

认识形状，发展宝宝的形象思维

生活中各式各样的形状对宝宝充满了魔力，不仅使他们对这个世界有了更深入的了解，还大大提高了他们的形象思维能力和智力水平。

故事的天空

4岁的唐唐听到门铃声响起，急忙跑到客厅，当妈妈把远道而来的姥姥迎进门时，他迫不及待地和姥姥撒着娇。

姥姥拿出一袋有着各种形状的饼干给唐唐，小家伙"哗啦"一下把饼干倒在了茶几上，他惊喜地发现，有圆形的饼干，有正方形的饼干，有三角形的饼干……

妈妈趁机让唐唐认识图形，还拿出相关图片让他对照。唐唐顾不上往自己的嘴里塞饼干了，站在茶几前仔细寻找着，在一大袋饼干中，他发现了6种不同形状的饼干。现在，唐唐正忙着给这些饼干找朋友，即把形状相同的摆放到一起。

姥姥边和唐唐妈妈说着话，边看着小外孙开心地忙活。她发现这小家伙竟能准确无误地将各种形状的饼干一一归类。

唐唐妈妈讲到，近一段时间经常和孩子一起辨认各种图形，他现在最爱的玩具是积木和形状套卡，玩得津津有味，忘情的时候连饭都顾不上吃呢！

唐唐已经把饼干分好了类，妈妈拿出一个托盘放到茶几上，说这是饼

干的家，要求唐唐把这些宝贝饼干送回家。

唐唐先把圆形的摆在一起，摆在最中间的位置，然后是三角形、矩形……很快，6种形状的饼干都整齐地摆在了托盘中。

吕姐爱心课堂

唐唐之所以能很快搞定，皆是平时积极认知形状的结果。通过认知形状，他还对这个世界有了更加深入的了解，拓展了想象力，提高了形象思维能力。

认识形状，是宝宝感知世界的最佳途径之一。形状具有视觉冲击力，不仅能使宝宝增强视觉的分辨力，也是发展空间想象能力的基础。

蒙台梭利强调："儿童对于形状的认知应从平面几何图形开始，如圆形、三角形、正方形等，而不是那些非平面的立体几何图形，如圆柱体、圆锥体、棱柱体等。"她之所以提倡先让宝宝认知平面几何图形，是因为立体几何图形的视觉认知要比平面图形复杂得多。而且在现实生活中，人们多是以平面图形来看待一些实体的，如窗户是长方形的，桌子是正方形的。这种在平面几何当中获得的图形知识，可以帮助宝宝很好地认知外部世界，让他们能够了解其中的秘密。

蒙氏支招DIY

宝宝到了认识形状的关键期，爸妈应给宝宝及时提供足够的认知材料，让宝宝去熟悉、去把玩，积极引导宝宝逐步识别不同的物品形状。

●**自制形状套卡**。为了教宝宝认识形状，先要给他们提供可动手操作的材料。爸妈可买一套或自制一个形状套卡。用剪刀在较硬的纸板上剪下两个相同的长方形，在其中一个纸板上刻下几个不同的形状，如三角形、圆形、正方形、长方形等，然后将两个纸板用胶水粘贴在一起，一个形状套卡就做好了。

●**送图形宝宝回家**。有了可动手操作的工具，爸妈就可以和宝宝一起做游戏了。把剪下的几个图形混在一起，告诉宝宝："这些图形宝宝找不到家了，麻烦你把它们送回家吧！"先给宝宝做示范，拿出其中一个图形，放到套卡中相应的凹下去的位置，然后引导宝宝把图形归位。当宝宝找对一个时，要及时给予表扬，鼓励宝宝继续找下去。

●**触摸图形轮廓更有助于宝宝感知形状**。在宝宝辨别图形的过程中，可以引导宝宝用手触摸图形的轮廓，然后让他去触摸这一物体应当放置的凹槽的轮廓，这种将视觉和肌肉触觉联系起来的方法，可以帮助宝宝更好地认知形状，并更快地记住。既提高了宝宝的形象思维能力，又使手部肌肉得到锻炼。

●**教宝宝认识形状**。当宝宝在辨别平面几何图形不会出错，能顺利将图形送回相应凹槽的时候，就可以教授宝宝形状的名称了。应先从两个对比强烈的图形开始，如方形和圆形。妈妈拿出一个圆形告诉宝宝说："这是圆形的。"再拿出一个方形给宝宝："这是方形的。"把两个形状放在宝宝面前，让他看一看，比一比，摸一摸，然后对宝宝说"请把圆形的给我"或"请把方形的给我"，让宝宝认识相应的形状。最后拿出其中的一个形状问宝宝："这是什么形状？"检测一下宝宝是否认识和记住了这个形状。

●**生活中寻找形状**。生活中任何物品都有其形状，都可以成为宝宝的教具。当宝宝学会了辨别和认识形状后，不妨和宝宝一起在生活中寻找形状。如圆形的盘子和碗，正方形的餐桌，长方形的门、窗等，这在给宝宝带来愉悦的同时，又加深了宝宝对形状的认知。

蒙氏小语♡

认识形状，不仅能使宝宝增强视觉的分辨力，也是发展空间想象能力的基础。这种在平面几何当中获得的图形知识，对儿童来讲，犹如一把魔术般的钥匙，可以帮助他们开启外部世界的大门，让他们能够了解其中的秘密。

识别颜色，提高宝宝的视觉分辨力

美丽的色彩，吸引着宝宝灵动的眼球。教宝宝识别颜色，不仅可以让宝宝体验美，感受美，还能提高他们对颜色的敏感性和视觉分辨力。

故事的天空

客厅里，3岁的小伊恩正依靠在妈妈的怀里认颜色，在他们面前摆着黄黄的香蕉、红红的苹果、紫中透亮的葡萄。

妈妈指着香蕉说："黄色。"

小伊恩用小手摸着香蕉说："黄色，黄色的香蕉。"然后指着苹果说"红色"，指着葡萄说是"紫色"，小伊恩学得很上心。当妈妈说出"黄色"时，他立刻举起香蕉连连说着"黄色的，黄色的"，其他几种颜色也能流利地答出。

妈妈很有成就感，觉得自己的儿子十分聪明。当感到口渴时，打开一瓶橙汁，黄黄的液体倒进杯子里时，妈妈决定再验证一下。

妈妈举着杯子问："这里面装的是什么呀？"

小伊恩回答得很干脆，脱口而出："橙汁。"然后舔了一下嘴唇，"甜甜的，酸酸的，好喝的。"

妈妈把橙汁放到香蕉旁，让小伊恩看着，问："杯子里的橙汁是什么颜色的呀？"

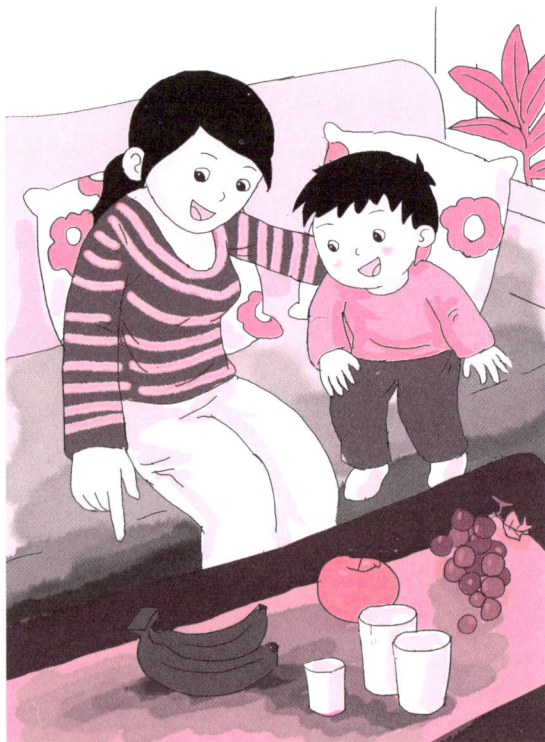

小伊恩看了半天，扬起小脸，对妈妈连连摇着头，一脸的茫然。

妈妈有些不解，指着香蕉问："这是什么颜色？"

小伊恩立即说出："黄色。"

妈妈说："橙汁和香蕉不是一个颜色吗？"

小伊恩又回答不上来了。

妈妈觉得不可思议，拉着儿子的小手，让他看红色的窗花，期望他能说出红色，结果很令人失望。

妈妈觉得孩子真是太笨了，同样的颜色，香蕉就知道是黄色的，橙汁却不知道是什么颜色，难道是孩子的视力有问题吗？

吕姐爱心课堂

在生活中，许多爸妈有过这样的体验：指着香蕉认黄色，指着苹果认红色，结果，宝宝看到苹果才说红色，而看到红色气球却不认识颜色了。

问题还是出在爸妈的身上，与"黄色"或"红色"对应的，不仅是颜色，还有形状、材质等多个属性。蒙台梭利告诉我们："在教孩子认识一种色彩时，一定要为他们提供相同颜色、不同形状与材质的物品，当孩子找到内在的规律，才能完全认识这种色彩。"否则孩子没有比对，觉得不是香蕉，即使是黄颜色的，他们也不认识。而教孩子认识不同颜色时，则要为他们提供形状与材质都一样的物品，唯一不同之处就是颜色，这样，孩子才能够把观察力都集中在区分色彩的差异上。

眼睛对于色彩的认知要比光觉晚得多，5个月后宝宝才开始辨认色彩，4岁左右逐渐发育完全。每个人对于色彩的感觉能力除了受先天条件限制外，主要受环境和教育的影响。多和宝宝做一些识别颜色的游戏，让宝宝进行色觉练习，不仅可以提高他们对颜色的敏感性和视觉分辨力，还可以及早发现宝宝在颜色识别中的潜在问题，如色盲、色弱等，及时采取相应补救措施，从而最大程度降低由此造成的生活障碍。

蒙氏支招DIY

教宝宝认识颜色，采用游戏的方式宝宝会更乐意接受。蒙台梭利一般采用渐进方式来引导宝宝辨认和识别色彩，即配对—排列—记忆三个阶段。为此，爸妈应多为宝宝设计几套认知颜色的游戏，让宝宝在游戏中"入戏"，更容易记得牢靠，辨认得准确。

●**美丽色彩一对一**。教宝宝认识色彩，可以从2～3种对比度较大的颜色开始，如红色、蓝色和黄色。爸妈买来这三种颜色的卡纸，将每种颜色的卡纸裁成2块扑克牌大小的卡片。然后把这6张卡片放在孩子面前的桌子上，先给他看一种颜色，然后让他在桌上的卡片中找出颜色一致的另一张。依此类推，让宝宝将这些彩色卡片一一配对。当宝宝熟悉了这三种颜色后，再用同样方法让他们认知更多的色彩。

●**按色度深浅排队。**当宝宝能够认识一些基本颜色后，就可以进行色度排列了。爸妈需要给宝宝提供一些颜色相同，但深浅色度不一的卡纸。先指导宝宝挑出颜色最深的一张，摆在最上面，然后再让宝宝从剩余的卡纸中找出颜色最深的一张，依次往下摆。通过这种方法，直到将所有的颜色按由深至浅的顺序排列起来。

●**有趣的色彩记忆。**宝宝能记住所有的颜色和区分颜色深浅后，就可以进行色彩记忆了。首先在一张桌子上放置按颜色排好顺序的卡片，然后给宝宝看一个颜色，他想看多久看多久，等宝宝看够了，要求他到桌子那里挑出与他所看到的颜色相同的卡片。有时，宝宝也会出现一些小小的失误，如拿出相近的颜色，没关系，多玩几次这样的游戏，宝宝就能非常出色地完成任务。

蒙氏小语♡

> 每个人对于色彩的感觉能力除了受先天条件限制外，主要受环境和教育的影响。多对孩子进行一些感知色彩的练习，可以提高他们对颜色的敏感性和视觉分辨力。

听觉，收录最美的声音

听觉是儿童探索世界和认识世界不可缺少的重要手段。儿童依靠听觉来辨别周围事物发出的各种声音，从而认识周围环境，确定行为方向，并通过听觉接收语音、乐曲等信息来促进心智的发展。

——蒙台梭利

阅读时间：<u>30</u> 分钟　　受益指数：★★★★★

有趣的听声辨认

捕捉不同的声音也是很有趣的，多给宝宝创设"听"的机会，可以提升宝宝感知世界的能力。

故事的天空

早晨，太阳刚刚升起，4岁的图图和妈妈闭上眼睛，静静地躺在那里，他们的耳朵可没有闲着，在侧耳静听窗外小鸟的鸣叫声。尽管图图不知道都是哪些小鸟在叫，但他能听出有三种鸟的叫声。

图图喜欢上到处听各种声音是在一次郊游中，爸爸把空矿泉水瓶放在图图的耳边，让他听风吹进瓶子里的声音。令图图没有想到的是，近听是一种声音，远听是一种声音，倾斜度大是一种声音，倾斜度小又是一种声音，好玩极了。

看孩子如此喜欢听声音，妈妈又把图图带到小溪边，让他站在岸边听小溪欢快的流水声。爸爸往水中投去一块石块，发出了"咚"的响声，小家伙也仿效爸爸往水中投小石子，还是宝宝会玩，他能用一把小石子投出"哗哗"的声音，还能投出连续不断的声音。

从那以后，一家三口到处去听声音。在海边，有海鸥的声音，有波涛的声音，有汽笛的声音；在树林里能听到风吹树叶发出的哗哗声，小鸟的欢叫声，蜜蜂的嗡嗡声。

图图最不喜欢的是城市里汽车的噪声，每次上街都要捂上耳朵。在他高兴时，还从嘴里发出各种声音自娱自乐。

爸爸妈妈可高兴了，这小家伙在辨认声音上用不着大人操心，他自己就主动去到处辨别声音，小耳朵练得可灵敏了。

吕姐爱心课堂

听觉可以说是宝宝最重要的感觉，因为他们需要由听觉来体验语言和音乐，而语言、音乐则为智力及情绪发展提供必要的刺激。

蒙台梭利非常重视儿童的听觉训练，她认为："听觉之所以具有特殊的重要性，是因为它与讲话的感觉器官相连，看似被动地接受信息，但却是不可或缺的存在。如果没有听的累积，势必会减少孩子学习的动力及能力，导致日后运用语言时产生困难。"因此，有意识地引导宝宝去注意倾听周围环境产生的各种声音，并学会辨别和区分它们，是十分重要的。

在现实生活中，许多爸妈很少关注宝宝的听觉，认为没必要去引导，他们每时每刻不都在听这个世界嘛！这是一种认识的误区。这个世界有很多的声音，如果爸妈不去引导，宝宝就分辨不了这是什么声音，影响他有效吸收外界信息。如鸟叫声，爸妈要让宝宝知道这是鸟在叫，而不是其他动物在叫。应使宝宝从听觉上学到有用的信息，所以，听也是一种学习。

蒙氏支招DIY

对宝宝进行辨别不同声音的练习，锻炼的不仅是一项感官知觉，也是学习和掌握语言的基础，且对宝宝情绪、智力等多方面的发展具有巨大的影响力。

●音响筒配对练习。爸妈可自制一些音响筒，让宝宝根据听到的声音配对，以锻炼宝宝的听觉辨认能力。拿若干空八宝粥罐，将两个分为一组，每组中装入相同的物品，如两个罐中装入等量的沙子或是数粒蚕豆、石子、木珠、玉米粒等，组成一对音响筒。让宝宝摇动一个音响筒，从其他音响筒中找出与其声音相同的另一个配上对。

然后，指导宝宝将所有的音响筒都配上对。

●**听听都是什么声音**。事先用录音机录下一些声音，如流水声、风声、雨声、雷电声、各种动物的叫声、爸爸妈妈说话声等。然后让宝宝安静地坐在那里，听录音机里的声音，并让宝宝说出各是什么声音。

●**到大自然去捕捉声音**。大自然中到处是悦耳的声音，鸟鸣的清脆，瀑布的轰响，沙沙作响的是枝头树叶发出的，深沉的呼啸是远处的风带来的。跑动的脚步声，愉悦的笑声，都会令宝宝感到兴奋。站在高处，让宝宝喊上几嗓子，爸妈也可以与宝宝唱歌。

●**从家务中享受声音带来的乐趣**。在做家务时，让宝宝参与进来，提醒他注意听活动中发出的声音，如叠被子、拖地、给花浇水、翻书、洗碗、洗衣服等。然后，蒙上宝宝的眼睛，随机重复刚才的某个活动，让宝宝听听"是什么活动发出的声音"。

●**家庭打击乐**。在茶几上按大小顺序摆放塑料桶、大号瓷碗、小号瓷碗、玻璃杯等。让宝宝用两只筷子有规律地进行敲击，如从大到小挨个击打，然后再从小到大进行击打。让宝宝感觉不同的物品发出的声音有什么不同。除此以外，还可以让宝宝在敲打的轻重缓急上去分辨，这都会起到很好的锻炼效果。

蒙氏小语 ♡

听觉之所以具有特殊的重要性，是因为它与讲话的感觉器官相连，看似被动地接受信息，但却是不可或缺的存在。如果没有听的累积，势必会减少孩子学习的动力及能力，导致日后运用语言时产生困难。

听觉灵敏度训练

　　耳聪才能目明。灵敏的听觉，对一个人来说很重要。若想宝宝拥有一对敏锐的小耳朵，还须爸妈对其进行科学、系统的训练。

故事的天空

　　桦桦的小耳朵可灵敏了，他能听到别人听不到的声音。有一次，妈妈带桦桦去公园，在一处丁香丛旁，他突然不走了，还向妈妈发出嘘的声音，然后蹲下来探头往里边看去，时不时侧耳倾听着，一副神秘兮兮的样子。

　　尽管妈妈没有听到什么特别的声音，他相信宝贝儿子一定是听见了什么，耐心地站在一边静静地等。

　　果然，桦桦发现了目标，原来是一只小老鼠蹲在落叶中。妈妈在桦桦的悄悄手势下，蹲下来和他一起观看。那只小老鼠显然是刚出来活动，还没有什么经验，见到人后非但不逃之夭夭，反而眨着小眼睛和人对视着。

　　桦桦已经养成了捕捉各种声音的习惯，时刻做出倾听状。一会儿他扬起小脸说："有只小鸟落在了树枝上。"一会儿又说："有一个小娃娃哭了。"

　　妈妈看过去，果然见到了小鸟在枝头间跳跃着，远处长椅上一位年轻的妈妈在轻声地抚慰她怀中的小宝宝。

桦桦简直就是一个敏感的"听力专家"，每次出去散步时，总能听到青蛙在歌唱、蟋蟀在弹琴。待在家里时，他的小耳朵能从踏楼梯的脚步声听出是爸爸还是妈妈回来了，从开锁的声音，他也能辨别出是谁在掏钥匙开门。

桦桦妈妈从小就很注意引导他的听力，如对着他的小耳朵不断呼唤"桦桦"，由强至弱，从远到近，或者带他去听大自然中的各种声音，尤其是那些细微的声响。功夫不负有心人，终于让桦桦练就了一双敏锐的小耳朵。

👩 吕姐爱心课堂

桦桦的非凡听力缘于妈妈从小对他的听觉训练。一个听觉灵敏的人，往往能捕捉到更多、更细微的声响，这对于宝宝的学习、运动、认知以及社会交往能力都有着良好的推动作用。

刚出生的小宝宝就已经有了听觉，尽管此时他还不能听到微弱的声音，只能听到较大的声响，但宝宝听力的发展随着年龄的增长和刺激的丰富会越来越敏锐。到两岁左右时，他就能直接定位来自任何角度的声音了。之所以许多生活中的微妙声音逃不过宝宝敏锐的小耳朵，是因为宝宝处于感官敏感期，听觉系统飞速发育所致。抓住宝宝听觉敏感期加以培养和训练，有意识地为宝宝提供丰富的听觉环境，可以为宝宝听觉及各项能力的发展打下良好的基础。

生活中我们常见一些人听觉很灵敏，他们能捕捉到生活中很多细微的声音，而有些人则听觉迟钝，不仅使他们的智力逊色，还给生活带来诸多的不便。人的听觉感受性虽先天存在个别差异，但也是在生活条件和教育影响下不断发展的，如果在童年时代能得到相应的训练，其灵敏度就会有所提高。

蒙台梭利十分重视听觉敏感度的训练，她经常和孩子们做些测试听觉灵敏度的游戏。当孩子们蒙上眼睛，用耳朵仔细聆听那由强至弱，渐渐弱化到耳语程度的声音时，他们感到由衷的惊喜与快乐。

🐻 蒙氏支招DIY

一个人的听觉灵敏度是可以训练出来的，爸妈应该在生活中为孩子创设良好的听觉环境，积极引导宝宝去"听"，从"听"中学习生活，从"听"中掌握知识。

● **室内漏沙练习**。妈妈和宝宝面对面坐在一张桌子前，在桌子上铺一张纸，用一个小瓶装上沙子。要求宝宝闭上眼睛，妈妈拿起小瓶往纸上倒沙子，要采取由强渐弱或轻重缓急节奏不同的方法倒下去，让宝宝注意倾听，感受声音的不同。

● **深情地呼唤宝宝**。让宝宝安静地待在另外一个房间，妈妈先是大声地喊宝宝的乳名，然后声音渐次地弱下去。也可和宝宝坐在一起，妈妈与宝宝耳语，先是大些声音说话，让宝宝回答妈妈讲的话，然后渐渐声音弱下去，看宝宝能不能始终听得清妈妈说的是什么话。或者从不同的方向轻声叫宝宝的名字，让宝宝听见自己的名字作出反应。

●**用肢体发出声音。**和宝宝安静面对面地坐在一起，相互注视着。妈妈发出拍手的声音，让宝宝模仿。然后是拍腿声、跺脚声、叩齿声，还有各种不同的声音。在发出这些声音时，要有不同的变化，轻重缓急都要有。

●**听听声音有什么不同。**准备3只相同的玻璃杯或碗，分别盛多少不一的水。让宝宝安静地坐在那里，妈妈用一根筷子分别敲击3只杯子，让宝宝仔细倾听3只杯子发出的不同声音，引导宝宝说出哪只杯子发出的声音高，哪只杯子发出的声音低些。也可让宝宝自己拿筷子敲敲，听听哪个杯子发出的音高些，哪个杯子发出的音低些。

●**声音的强弱变换。**每天起床时，应该让音乐唤醒宝宝。当该叫宝宝起床时，播放一段好听的音乐，先从弱到强播放，等宝宝醒后，再从强到弱，让宝宝感知声音的强弱渐变，锻炼宝宝听觉灵敏度。

蒙氏小语♡

　　具有灵敏的听觉对一个人来说很重要。一个听觉灵敏的人，往往能捕捉到更多、更细微的声响，这对于他们的学习、生活、运动、认知以及社会交往的能力等都有着良好的推动作用。

触觉，认知世界的主要手段

触觉是人体发展最早、最基本的感觉，儿童是依靠触觉或触觉与其他感知觉的协同活动来认识世界的。透过多元的触觉探索，有助于促进儿童动作及认知的发展。因为，良好的触觉刺激是宝宝成长不可或缺的要素。

——蒙台梭利

阅读时间：<u>25</u> 分钟　　　受益指数：★★★★

小手也能"看"东西

宝宝的小手更灵动，通过触摸就能感知这个世界。给宝宝提供触摸的环境，更能促进他们的心智发展。

故事的天空

肖肖有着一双灵巧加灵敏的小手，不用眼睛看，通过触摸就知道是什么东西。肖肖妈妈每当提起宝贝儿子的"能耐"，总是乐得合不上嘴，因为这是她的骄傲，是她经过无数次刻意引导的结果。

肖肖妈妈的同事林阿姨有点儿不太相信，便决定利用星期天来亲眼看一看，测试一下小家伙的本领。

在一个大纸盒子里，林阿姨放了十几种小东西，她把肖肖的眼睛蒙上，要他来个探物说出名称。

肖肖愉快地把小手伸进了箱子里，他最先触摸到的是果冻，于是立即拿出来说："好吃的果冻。"

林阿姨赞道："肖肖真了不起。"

肖肖从箱子里摸出了玻璃球、积木、小石块儿、纽扣等，都准确、对应地说出了名称。只有一种东西令肖肖琢磨了半天，名称说不上来，却说出了触摸的感觉，那是一个核桃雕刻，小家伙说："粗糙磨手指，有小坑坑，硬硬的……"就是说不出是什么。

当遮眼的毛巾去掉后，肖肖看到了实物，仍叫不出名称，因为他从来没有见过核桃雕刻，在手里把玩了半天，有些舍不得放手了。

林阿姨佩服地说："肖肖真了不起，小手就像眼睛一样，能看见东西哦，好吧，这枚核桃雕刻就作为奖励送给你吧！"然后还在他的小脸蛋儿上亲了一口。

肖肖高兴自己拥有了新的礼物，在手里不停地感觉着，相信下次他就能准确摸出来了。

吕姐爱心课堂

不用眼睛就能"看"东西，是触觉和肌觉感应的功劳。早在宝宝出生时，就已经在运用自己的小手认知这个世界了。而手是人体器官中运用最多的器官之一，可以说人的生存主要在靠手的辛勤劳作。

在生活当中，有的人心灵手巧，有的人笨手笨脚，与幼儿时期的触觉训练有很大的关系。在这个时期，每一个宝宝的双手都很灵巧，特别是在3~6岁阶段。如果爸妈从小使宝宝的小手得到锻炼，宝宝长大后手脚才会更加灵活。

人体表面遍布着触觉感官，手指的触觉尤其敏感。当宝宝用手触摸或摆弄物体时，也伴随着分析与思考的过程。锻炼宝宝的小手，实则也是在为宝宝的思维做体操。

当宝宝在不用眼睛看的情况下，直接用手指触摸去认知物体，并不仅仅是一种触觉练习。因为，只有光滑和粗糙才能由"触觉"认知。当加入手和胳膊的移动时，移动的概念便产生了，这种观感被归入一种特殊的感觉——肌觉。触觉和肌觉这两种感觉混合在一起，才能使人的感知更完美，这种感觉提供了极大的准确性，帮助宝宝认知某个物品。

许多宝宝看见一种物体，并不是只用眼睛看，而总是先伸手摸摸，似乎这样才更能确定地认识和记住它们。蒙台梭利说："儿童这种触摸事物的习惯，并非只是简单地验证所见事物，它是一种强烈且明显的肌肉感觉表达，这是儿童在生命中该阶段——其行为协调趋于稳定期的一种表现。"

许多爸妈很少关注宝宝的动手问题，觉得小孩子还是稳当一些好。当孩子动手去摸某些东西时，大人的第一反应就是脏或有危险，继而阻断了宝宝的探索行为。也许，你培养了一个守规矩的宝宝，却扼杀了一位未来的天才。还是让宝宝多动手吧，缺少手的参与，孩子的世界不会精彩，他的"前途"更不可能光明。

🐼 蒙氏支招DIY

让宝宝用手去感知世界，更能丰富他的"阅历"，感知更多的未知世界。一双灵巧的手，能促进大脑的发展，正可谓心灵手巧。下面这个物品配对游戏，就是让宝宝在没有视觉的参与下，来训练宝宝的触觉和肌觉感知的。

●**物品准备**。准备两个布口袋，每个袋内分别装有相对应的物品若干件，如珠子、积木、豆类、饼干、果冻、弹力球等。

●**触摸练习前的准备**。让宝宝把手洗干净，自己擦干小手，并相互摩擦几下。这样既可以教会宝宝爱清洁，还可以加深手的触觉记忆，使手指的敏感度获得提高。在进行触摸练习前，要教会宝宝如何触摸物体表面。可以拿起宝宝的小手指，轻轻拉着它移动到物体表面，然后进行触摸。

●**触摸前的示范**。在正式触摸前，妈妈先做示范，闭上眼睛，将手伸入一个袋中，拿出一件物品，经过触摸后，说出其名称，放在桌面上。再闭上眼睛，将手伸进另一个口袋中，摸出与这个物品相同的另一个，将它们配上对。

●**触摸配对**。在触摸物品时一定要蒙上宝宝的眼睛或让宝宝闭上眼睛，主要目的是要宝宝将注意力集中到触摸物品时的感觉刺激上。让宝宝先把手伸进一个袋子里，如宝宝摸到了一个果冻拿出来，要他多触摸一会儿，然后要求他先说出名称，如果说对了，再去另一个袋子里摸相同的物品。一般来说，到第一个袋子里去拿出一个物品很容易，但是到第二个袋子里找相同的物品，对于宝宝来说有一定难度，宝宝要在袋子里通过触摸感知到正确的物品才能拿出来。

●**特别提示**。触摸游戏应从易到难、循序渐进地进行。对于初次练习的宝宝，可以选择那些差别很大的物品，然后逐渐过渡到差别细微的类似物体上。

👶 蒙氏小语 ♡

> 儿童这种触摸事物的习惯，并非只是简单地验证所见事物，它是一种强烈且明显的肌肉感觉表达，这是儿童在生命中该阶段——其行为协调趋于稳定期的一种表现。

感受冷、热——宝宝对温度的感知训练

　　冷暖应自知，可是宝宝却不知道"冷"与"暖"，没有爸妈的引导和训练，他们产生不了冷热的概念，更不知道如何去防范来自冷的威胁和热的危险。

故事的天空

　　蒙蒙和莲莲一起做游戏，两个孩子玩得可开心了。蒙蒙比较淘气，小手到处乱摸，在找滚掉的玻璃球时，他竟然伸手把放在茶几底下的暖水瓶提了出来。

　　莲莲看见后，大喊一声："不许动！"

　　蒙蒙果然停在那里，手里提着暖水瓶茫然地看着跑过来的莲莲。

　　莲莲赶紧接过蒙蒙手中的暖水瓶，小心地放回原处，小大人儿似的批评道："小孩子不能乱动热水瓶，危险！"

　　蒙蒙妈妈正和莲莲妈妈聊天，听见莲莲的喊声，两个妈妈都赶紧看过来，以为出了什么事儿。

　　蒙蒙妈妈看见莲莲如此的认真劲儿，过来拉着她的小手，说："还是莲莲防范意识强，蒙蒙总是忘了我嘱咐他的话。"

　　莲莲妈妈说："以前她也是这样，自从我引导她做冷热对比试验，她才提高了警觉。"

　　蒙蒙妈妈说："蒙蒙也有过教训，有一次我准备给他洗澡，端来整盆热水后，趁我转身去厨房兑冷

水的工夫，他竟然脱光衣服，一屁股坐进了热水盆里。好在水还不是很烫，只是把皮肤烫红了。"

莲莲妈妈说："没事时，应该多和孩子做一些对温度的感知觉训练。除了安全问题，还可以锻炼触觉的敏感度。"

蒙蒙妈妈决定马上开始进行，人多还可以增加趣味性。两个孩子听说要玩游戏，积极性很高，做出一副跃跃欲试的样子。

吕姐爱心课堂

宝宝对温度的触觉反应，对其大脑神经系统具有良好的刺激，利于大脑的发展。蒙台梭利认为，由于儿童总是通过触觉来认识周围事物，所以，在各种感觉训练中，触觉练习是其主要方面。她说："幼儿常以触觉代替视觉或听觉，即常以触觉来认识周围事物，因此我们一定要重视幼儿的触觉练习。"

触觉是宝宝出生后，第一个"醒"过来的感觉，每个宝宝都是通过触觉来感知外界的。可以说，触觉无时无刻不在帮助宝宝，在对冷热、轻重、粗细等感觉刺激的体会中探索世界。宝宝只有体会了丰富的感觉刺激之后，才能知冷知热，避重就轻。

现实生活中，要积极发展宝宝对温度的感知能力。教宝宝感知"冷"和"热"，可以促进宝宝的触觉发展，培养其对温度的敏感性，让宝宝认识温度间的差异，在生活中养成知冷知热的好习惯。

蒙氏支招DIY

宝宝只有知冷知热，才能顺利地生活，才能不受到伤害。同时，通过对宝宝进行温度感知能力的训练，可以使宝宝的触觉更加灵敏，这对于宝宝智力的发育也大有裨益。

●**温度感知训练**。在桌子上放四个一样的带盖水杯，分别盛满不同温度的水：冰水、常温水、30℃～35℃的温水、50℃～55℃的热水。先让宝宝触摸杯子外壁感受温度，告诉宝宝"这是温的""这是凉的""这是热的"等。然后，爸妈下指令，让宝宝去触摸"温的""凉的"等，看他是否能摸对。最后，宝宝自己选择一个杯子，让他通过触摸，说出自己的感觉。当然，如果准备两套这样的杯子，让宝宝通过触摸温度来配对，就更好了。

●**洗手洗脸感知冷热**。宝宝每天都要洗手洗脸，妈妈可以先让宝宝体验一下凉水是什么样的感觉，然后在脸盆里逐渐添加热水，让宝宝体验不同温度的水，并要求他说出自己的感觉。

●**洗澡感知温度**。准备浴盆、几个塑料杯。在洗澡时，用杯子盛不同温度的水，缓慢浇在宝宝身上，边倒边清楚地说出"这是温的""这是凉的""这是热的"等，让宝宝感受不同温度带来的刺激和感觉。做这个练习时，一定要掌握好水的温度，以免导致宝宝感冒或烫伤。

●**利用温觉板练习**。当宝宝已经能很敏锐地感知冷热后，也可以利用处于不同热度的一组教具，如木板、毛毡、大理石、钢板等，让宝宝进行温觉细致练习。将四种材质的温觉板放在桌子上，妈妈先做示范，两手分别拿起两个温觉板对比，将较暖的放在左边，较凉的放在右边，然后再拿另外两块板做比较，依次按暖、比较暖、比较凉、凉的顺序排列。再打乱顺序，让宝宝也试试看。或者为宝宝提供两组这样的教具，让他按温度进行配对。

🙂 蒙氏小语♡

幼儿常以触觉来代替视觉或听觉，即常以触觉来认识周围事物，因此我们一定要重视幼儿的触觉练习。

宝宝小手是杆秤——对重量的感知

轻重的比较对宝宝来说是一道难题，爸妈要及时对宝宝予以引导。教宝宝学习用自然测量法比较两个物体的轻重，培养宝宝用手感知、辨别重量的能力，可以使宝宝的观察力和分析力得到锻炼。

故事的天空

皮皮可不简单，是全小区有名的"大力士"，一般孩子搬不动的东西，他基本上都没问题。最令人叫绝的是，别看他只有4岁，却知道轻重。有时围着一件物体转上几圈，就知道自己能不能搬起来。

邻居王叔叔爱逗皮皮，他把皮皮和几个小朋友领到家里，让他们试举哑铃，看谁是大力士。王叔叔有意识地想考考小家伙们，他把家中的大小不等的哑铃全拿了出来，里边故意放两个超大的塑料玩具哑铃，从外表上基本看不出来。

许多宝宝没有轻和重的概念，认为物体大的应该重，而小东西应该轻，大家纷纷抢着去举小的哑铃。

皮皮先围着这几个哑铃转了一圈，然后用脚掌挨个去碰一下哑铃，当碰到玩具哑铃

时，脸上现出了笑容，很有信心地伸手去抓最大的"哑铃"，轻而易举地就举过了头顶。

他这一举动，引起孩子们的一阵惊呼，觉得皮皮真是了不起。

王叔叔夸道："还是皮皮棒，懂得如何去发现轻重。"

吕姐爱心课堂

宝宝没有轻重概念，是许多爸妈都切身感受到了的。他们就像初生的牛犊一样，到处莽撞地搬弄物体，不小心砸到自己脚的有之；搬得起来却放不下向爸妈求救的有之；为了逞强，去搬自己根本搬不动的物体，即使使出吃奶的劲儿也搬不起来，却不肯放弃的有之。

宝宝分不清轻重，会影响到他们分辨能力和判断能力的发展。所以，爸妈要及时对宝宝予以引导，让宝宝知道物体的重量和大小没有关系，学习用自然测量法比较两个物体的轻重，培养宝宝用手感知、辨别重量的能力。通过比较两个物体的轻重，分出它们的轻重大小，也是对宝宝的观察力和分析力的考验和锻炼。

重量练习是一种比直接用手触摸和感知冷热更复杂的练习，目的是让宝宝通过不同的重量，而不是物体的颜色、形状等来区分物体。蒙台梭利在让孩子们感知重量时，让他们闭上眼睛，当孩子在没有视觉的参与下，学会靠自己的小手来分辨物体时，就会对"猜"非常感兴趣了。

蒙氏支招DIY

轻重感需要练习才能逐渐得到，这需要经验来判断。所以，爸妈要为宝宝创设相应的环境，给他们练习的机会，才能达到教育的目的。

●比不同。为宝宝准备一块便当盒大小的塑料泡沫和一块稍小一些的砖头，让宝宝先看看，感觉一下哪个重，哪个轻。然后再让宝宝动手去搬，作出轻重的比较，让宝宝直观地感受轻重的不同。

●运米游戏。把大米每半斤作为一个差别，分别装在袋子里，爸妈和宝宝进行运米游戏。先是让宝宝把最轻的运过来，然后再运最重的，让宝宝说出哪个轻些，哪个重些，并让他记住袋子的特征，以便下次好识别。在玩运米游戏中，宝宝可切身感受不同的重量，经过多次的练习，逐渐弄清轻重的概念。

●购物袋感知重量。上街购物，让宝宝拎购物袋。如买到一块肥皂，让宝宝先放在手上掂一掂，然后再放入购物袋，让他拎一拎，感觉一下是不是重量相同。随着所购物品的增多，重量当然也不同，使宝宝感受到轻重的差别。

●**根据颜色辨重量**。为宝宝准备不同颜色的沙包，每一个沙包重量也不同，经过练习后，宝宝看到不同的颜色后，就了解它们有着不同的重量，从而也能支配自己的练习。如他会将两个沙包分别放在两个手掌中，伸开手指，上下掂量着分析其重量。宝宝经常做这样的练习，小手的上下抖动就会逐渐减轻，变得几乎没有觉察了。

●**轻重排序**。准备大小相同，轻重明显不同的三种物品，如砖块、木块和泡沫塑料块各一块。让宝宝用手感知一下，哪个轻，哪个重？然后按从轻到重给它们排队。

●**猜重量**。蒙上宝宝的眼睛，让他依次用手感知手里的小石头、玻璃球和木块的轻重。宝宝会把所有的注意力集中到手中的物品上，这更有助于宝宝对重量的感知及触觉灵敏度的发展。

蒙氏小语♡

让宝宝知道物体的重量和大小没有关系，学习用自然测量法比较两个物体的轻重，培养宝宝用手感知、辨别重量的能力。通过比较两个物体的轻重，分出它们的轻重大小，也是对宝宝的观察力和分析力的考验和锻炼。

嗅觉和味觉，
探索世界的重要途径

嗅觉与味觉有着密不可分的关系，它们是儿童认识外界事物、探索世界奥秘的重要途径，对儿童生理、心理的发展具有促进作用。嗅觉和味觉是人类最初维护生存、防御危险、认识事物、积累经验的重要手段，因此，对嗅觉、味觉的训练，同样会促进儿童感官功能的全面发展。

——蒙台梭利

阅读时间：<u>25</u>分钟　　　　受益指数：★★★★★

灵敏的小鼻子——宝宝的嗅觉训练

灵敏的嗅觉可以使宝宝防患于未然，及时发现潜在的危险。丰富的嗅觉经验，还能促进宝宝身心的成长与平衡，为宝宝大脑发展助力。

故事的天空

翘翘一进门，就嚷着说家里一定买了许多好吃的，然后就努着小鼻子嗅个不停，连鞋也顾不上换，一路嗅过去。咦，苹果。通过灵敏的小鼻子，他在茶几下发现了几个又红又大的红富士。这可是他最爱吃的水果，不过他现在还不能坐下来吃，他的小鼻子又带着他去一路寻找了。

通过小鼻子，他在自己的小房间发现了一个菠萝，在厨房里发现了一只烤鸡腿，从奶奶的床头发现了蜂蜜麻花儿。

人家都说眼睛里不揉沙子，翘翘的小鼻子更厉害，没有他闻不到的气味。最早发现他小鼻子异常灵敏的是在一天夜里，全家人都准备入睡了，翘翘却不住地用小鼻子在房间里闻来闻去。妈妈说已经不早了，赶紧睡觉吧。

翘翘说有一种难闻的气味，妈妈听后也抽动鼻子嗅着，可是什么也没有闻到。翘翘突然爬下床，探头向前嗅着，拉着妈妈的手要妈妈和他一起去寻找味道的来源。妈妈没有办法，只好下床随着他向前走去。最后在厨房找到了味源，原来是燃气阀没有关紧。妈妈到了厨房，才隐隐感觉到有些煤气味儿，不知道隔着几个房间，几道门，小家伙是怎么嗅到的。

翘翘的小鼻子怎么这样灵，能嗅出别人嗅不到的气味？

吕姐爱心课堂

嗅觉能力是一种最原始的感觉，宝宝在胎儿时期嗅觉器官就已经成熟，他们出生后，凭借成熟的嗅觉能力来辨别妈妈的气味，寻找妈妈的乳头。嗅觉还能使宝宝感到有安全感，由于一出生就和妈妈在一起，妈妈身上的气味自然牢牢地记住。即使妈妈不在身边，宝宝只要闻到妈妈的气息，也能感到有安全感。当宝宝哭闹不休时，将留有妈妈气味的衣服放在他的枕头下，就可以帮助宝宝安然入睡。

嗅觉是在动物世界里被运用最多的一种感官，动物们通过嗅觉来分辨食物和环境是否安全，以及来者是同伴还是敌人。嗅觉对于人类来说也同样重要，对食物和气味的分辨需要嗅觉，通过嗅觉还能察觉到环境是否安全。嗅觉会提高脑部对气味的灵敏度，使脑波变大，令脑部的运作更灵活。

一般来说，7个月的宝宝开始能分辨出芳香的气味，到2岁左右就能辨别所有的气味了。只是宝宝语言系统还不完善，即使嗅出了味道，也不能准确表达出来。既然宝宝天生嗅觉系统发达，是不是就不需要进行嗅觉训练了呢？蒙台梭利告诉了我们答案，"对儿童进行嗅觉训练不仅可以增强他们嗅觉系统的良性发展，而且可以使他们的嗅觉更灵敏。嗅觉发展越灵敏的儿童，对各种味道越有着敏锐的感知和辨别"。

重视宝宝的嗅觉训练对他们的健康成长大有好处。宝宝丰富的嗅觉经验，能促进其身心的成长与平衡，有助于大脑的发展。反之，宝

宝的嗅觉不健全，本该嗅出的味道却不能辨别，会使宝宝反应迟钝、辨别力差，还会影响到注意力及记忆力的发展。特别是对隐藏的有毒物质和危险品不敏感、不警觉，会给宝宝带来更大的危害。所以，嗅觉训练不是可有可无的，而是非常必要的。

蒙氏支招DIY

气味是无处不在的，嗅觉是生活中最容易被忽视的一种感觉。为了让宝宝拥有一个灵敏的小鼻子，爸妈要积极为宝宝创设适宜的环境，系统地对宝宝进行嗅觉训练。

● **闻闻罐子中的味道。**准备几个空八宝粥罐，里边分别装上不同味道的物品，如茶叶、大料、花椒、香精、韭菜等，做成不同味道的嗅觉罐。妈妈打开盖子，让宝宝闻一闻，告诉他里面的东西，然后盖上盖儿。用同样的方法，依次告诉宝宝这些东西的名称。然后让宝宝闭上眼睛，打开一个嗅觉罐，让他说出是什么气味。也可以让宝宝闻其中一个物品，然后打乱顺序，看宝宝能否准确找出。或者将这些物品分装成两组，让宝宝进行嗅觉配对。

● **闻闻大自然。**大自然里的味道可多了，每一种植物都有独特的气味，兰花的淡雅、玫瑰的浓烈、小草的清香，到了秋天果实成熟的季节，各种各样的果香就更浓了。爸妈带宝宝外出时，可以有意地引导宝宝观察大自然，让宝宝尽情地享受大自然中各种气味。这不仅锻炼了宝宝的嗅觉，还加深了宝宝对生命的理解，激发他对大自然的尊重和热爱。

● **迷人的花香。**花的芳香是迷人的，紫罗兰和茉莉的花香不同，丁香花有着淡淡的苦味，菊花甜丝丝的。宝宝通过闻各种花的芳香，能扩大嗅觉范围，同时也会心情舒畅。可以采集野花，也可以利用家中的花卉对宝宝进行训练。将宝宝的眼睛蒙上，把一束花靠近他的鼻子，让他闻一下，放回原处，然后解开蒙眼布，让宝宝凭借嗅觉记忆，去寻找闻过的花束。或者拿一枝花和一束花分别让宝宝闻闻，让他分辨出有什么不同？

蒙氏小语 ♡

重视宝宝的嗅觉训练对他们的健康成长大有好处。宝宝丰富的嗅觉经验，能促进其身心的成长与平衡，有助于大脑的发展。

品尝一下"五味人生"吧

舌尖上的享受是惬意的，人生五味杂陈，每一种味道都有它独特的魅力，让宝宝品尝一下"五味人生"吧，这对其身体和心理都有别样的促进作用。

👦 故事的天空

人家的孩子都是胖嘟嘟的超可爱，胖胖却有些名不副实，是一棵"豆芽菜"，典型的"排骨型"的宝宝。其实，在他刚出生的一两年里，胖胖肉嘟嘟的，要不怎能叫"胖胖"呢！可是自从断奶后，小家伙逐渐从重量级滑落到了轻量级。

4岁后，胖胖不再胖了，都是他的小嘴惹的祸，小家伙太挑食了。

午饭，四菜一汤，有虾仁烧油菜、西红柿炒鸡蛋、炒茄丝、红烧肉、紫菜汤，主食是米饭。胖胖坐在饭桌前，面对满桌子的菜，只是勉强地吃了几口虾仁，红烧肉只吃瘦肉部分，把肥肉咬下来丢到爸爸碗里，米饭基本没动。

妈妈劝他吃点青菜有营养，他嫌青菜塞牙，说茄子的味道好难闻，就是不肯吃。妈妈好心地给他碗里放上一片油菜叶，他大声地抗议，坚决一口不尝。

小家伙偏爱甜味食品，只要是甜味的菜或饭就多吃一些，其他味道的菜就很难劝他吃了，像青椒、胡萝卜等坚决拒绝食用。

妈妈整天为孩子的吃饭发愁，她

不敢让宝宝吃过多的甜食，更不敢让他吃过多的垃圾食品。现在后悔当初给孩子吃太多的甜食，导致他如今偏爱甜食，而拒绝其他口味的食物了。

吕姐爱心课堂

生活在现代家庭中的宝宝，大都喜欢味道较甜和较香的食品，这是因为宝宝们过多接触甜味食品的缘故，极少或根本没有接触过苦味、酸味等味道。

宝宝的味觉一生下来就有了，并且相当敏锐，表现出明显的对甜味食品的偏爱，对咸、酸、苦比较排斥。如尝到甜味时，他们的表情比较放松；尝到酸味时嘴唇缩紧，表情古怪；尝到苦味时，会张开嘴表现出十分痛苦的模样。正是这种原因，许多爸妈就会多给宝宝品尝甜味食品，长此以往宝宝就会偏爱甜味食品，而对其他味道不太喜欢了。

人的味觉在幼儿期比较发达，随着宝宝慢慢长大会逐渐衰退。如果在这个阶段不能给予宝宝丰富的味觉感受和刺激，就容易使他们排斥某种食品，严重的会影响宝宝一生的口味需求。在儿童成长的早期，给他们品尝的食物种类越多，他们的味觉就会越灵敏，以后就乐于接受各种食物，也就不容易出现挑食的现象了。

味觉不仅仅是一个感官现象，它对宝宝的学习和大脑发育也有促进作用。宝宝往大脑里存储的感知经验越多，大脑的开发程度就越大，以后可提取的信息与经验也就越丰富。重视宝宝的味觉训练，也是在为宝宝的大脑及智力开发助力。蒙台梭利就十分注重孩子们的味觉练习，她认为由于味觉总是与食物密不可分，为了不影响孩子的正常食欲，最好在固定的两餐之间进行。味道可以调动孩子的胃口，还可以使他们在接下来的进食中更注意分辨食物的味道。

蒙氏支招DIY

为了避免宝宝挑食、口味单一，也为了让宝宝拥有更灵敏的味觉、更聪慧的大脑，爸妈应从小重视宝宝的味觉训练。只要悉心引导，相信宝宝一定会十分乐意与你一同享受品尝五味的有趣实验。

●**不一样的杯子**。准备4只水杯和瓶子，分别倒入糖水、盐水、柠檬汁、苦茶，妈妈用滴管从杯中吸取少量的液体，滴在宝宝的舌头上，让他品尝，并告诉宝宝味道的名称。用同样的方法，让宝宝学习另几种味道。然后，妈妈随意从杯中吸取一种液体，让宝宝品尝，并让其说出是什么味道，看看宝宝回答是否正确。妈妈还可以让宝宝品尝一下酸味，看宝宝能不能准确无误地端起装柠檬汁的杯子，并进行品尝。也可以准备两套这样的杯子，让宝宝根据不同的味道进行配对。

●**猜一猜是什么水果**。将苹果、菠萝、梨、香蕉等水果切成块状，分别装在盘子中，然后在桌子上摆放苹果、菠萝、梨、香蕉等水果模型，让宝宝尝过水果丁之后，找出水果模型。或妈妈指着水果模型，让宝宝去品尝盘子里的水果丁，看能否准确对应上。

●**品尝后要及时漱口**。在给宝宝进行味觉训练时，一定要谨记，每让宝宝品尝一种味道后，应让宝宝及时漱口，将前一种味道清除后，再进行下一种味道的品尝。只有这样，宝宝才能品尝到原汁原味的味道，准确体验该种味道。同时，也养成了宝宝漱口讲卫生的好习惯。

蒙氏小语 ♡

人的味觉在幼儿期比较发达，随着宝宝慢慢长大会逐渐衰退。如果在这个阶段不能给予宝宝丰富的味觉感受和刺激，就容易使他们排斥某种食品，严重的会影响宝宝一生的口味需求。在儿童成长的早期，给他们品尝的食物种类越多，他们的味觉就会越灵敏。

第六章

智慧的爱，
宝宝心灵的滋养与呵护

天下父母谁不爱子心切？但，爱真的就那么简单吗？由于爱的形式不同，有的孩子积极向上、快乐健康，有的孩子则偏离了正常的成长轨道。蒙台梭利认为，孩子的不良表现莫不与父母的错爱有关，殊不知正是这种爱成为了孩子发展中的最大绊脚石。而充满理性与智慧的爱，则能使孩子的天性得以充分解放，为宝宝的心灵提供丰富的滋养。

爱，就要读懂孩子的心灵世界

对于成人来说，儿童的心理像是一个深奥难解的谜。人们之所以感到困惑，是因为他们根据儿童的外在表现来做判断，而不是根据儿童内心的精神力量。我们应该努力去认识在儿童行为的背后，隐藏着一个可以弄清楚的原因。没有某个原因，没有某个动机，他就不会做任何事情。如果我们把儿童的每个行为都解释为一时兴起，那很容易做到，但就是一时兴起也包含着诸多因素。

——蒙台梭利

阅读时间：**25**分钟　　　　受益指数：★★★★

默默吸收，宝宝磁石一样的心灵

宝宝在发育过程中，大脑具有独特的吸收能力，无须刻意教授，就能在潜移默化中学到一些知识，养成一种习惯。

故事的天空

4岁的周周坐在小凳子上，手捧着一本彩绘童话书津津有味地翻着。妈妈坐在一边，也陪着他看书。周周爱书是出了名的，在别的宝宝喜欢撕扯纸张的时候，他们家中的书并没遭殃，这得益于他对书的钟爱。

早在他刚出生不久，只能仰面躺在床上时，爸爸妈妈就喜欢坐在他身边看书。有一次妈妈把书对着他的脸，看有什么反应，没有想到，他竟然像在一行一行地读书那样，眼睛来回有规律地在书上移动着。

后来，书也成了他最早的"玩具"。当他能坐着时，妈妈把书摊开放在他面前，小家伙把小手按在书的两边，面对整齐的文字能低头看上好半天。

现在，家里的书成了他的心肝宝贝，谁也不能拿走。有一次，周周的姑姑故意说把书卖掉一些吧，好腾地方给周周放玩具。周周拉着姑姑的手不放松，说什么也不让她去碰书柜中的书。

看到周周如此爱书，姑姑欢喜不已，直夸周周是"小书虫"，长大能有大出息，不像她家的孩子，不喜欢书籍。

周周妈妈也感到很奇怪，从来也没有刻意给他灌输过与书有关的话题，他怎么就这么喜欢书籍呢？

吕姐爱心课堂

宝宝的大脑具有一种特殊的力量，他们可以通过心理能力直接从外部环境吸收知识及一切信息，从而促进大脑的形成，成为大脑的一部分，这被蒙台梭利称之为"有吸收力的心灵"。

蒙台梭利曾经用一个很形象的比喻来解释这个吸收的概念："在一个没有学校和老师的星球，居民也不知道什么是学习。他们什么也不做，只是吃饭、走路，但他们却学会了很多事情。这不是一种浪漫的幻想，而是儿童的学习方式。他们无意识地学做每一件事，然后从无意识到有意识，一步一步、没有负担地学习。"就像文中的周周一样，不需要爸妈向他整日灌输爱读书的思想，他会自然而然地从家中的读书氛围中将其吸收，并转化为一种个人的兴趣和习惯。

3岁前的宝宝都是处于无意识吸收阶段，他们具有这种吸收能力至关重要，它能够帮助宝宝自动、积极地选择、尝试、摸索，快速了解和学习新事物。在这个时期学习吸收的东西会永久地成为他们的一部分。正因为他们有这种特别的

能力，才会从"无"到"有"地奠定智力的基础。3岁以后，尽管这种无意识吸收仍然存在，但有意识的学习心智开始慢慢显露。

对于爸妈来说，千万不要认为小宝宝什么也不知道，没必要过多去关注他们，只要把衣食住行、吃喝拉撒安排好就行了。现在，这种观点要摒弃了，宝宝从一出生就在认知这个世界，时时刻刻都在努力学习着。每个宝宝都有自发的学习潜力，他们尽管缺乏经验，但所拥有的最丰富的潜力能使他们适应外部世界。因此，爸妈要在大环境中为宝宝创造条件，让他们多见世面，这有助于宝宝的茁壮成长。

🐼 蒙氏支招DIY

面对可爱的小宝宝，爸妈要给予更多的爱，创设更广泛的外部条件，让宝宝像磁石一样的心灵吸收无尽的知识，并永久地保存下来，成为他们智慧的一个组成部分。

●**创设温馨与爱的环境**。要为宝宝创设一个良好的环境，从他一出生时，就要让宝宝置身于一个多彩而温情的环境中。在宝宝的小床周围悬挂多彩的小挂件，让他去看、去摸、去听。妈妈要多和宝宝说说话、唱唱歌，及时处理好宝宝的吃喝拉撒等问题，让宝宝在充满温馨和爱的家庭氛围中舒舒服服地生活，快快乐乐地成长。

●**外面的世界很精彩**。除了为宝宝提供一个良好的居家环境，还要经常带宝宝到外面去增长见识，让宝宝多了解这个大千世界，尽情吸收无尽的知识。到环境优美的公园，到空气清新的郊外，让宝宝多看、多听。

●**给宝宝做出表率**。爸妈是宝宝生活环境中不可缺少的一部分，在日常生活中要注意自己的一言一行，处处为宝宝做好表率。夫妻间和睦，与人交往要理性热情，和宝宝相处要和谐而温情。这都会让宝宝具有吸收力的心灵吸收下来，成为他们心灵的一部分。

●**重视宝宝的社交**。重视宝宝的社交有两方面，一是带宝宝参加一些社交活动，让宝宝感受社交的友好氛围；二是要给宝宝找同龄的小朋友，让他们一起玩耍，增加宝宝的交友经验。

●**远离不良或危险的环境**。宝宝具有吸收力的心灵不具有辨别能力，会无条件吸收环境中的一切事物，当然也包括环境中的不利因素。所以要尽量为宝宝排除环境中的不利因素，不要让他们接触不良的人文环境，远离危险场所。如搓麻将的场合、吵架斗殴的场合、事故发生现场、说脏话的邻居等，这都会被宝宝具有吸收力的心灵吸收下来，对宝宝心理发展产生不良影响。

蒙氏小语 ♡

　　人并不只在大学里才发展，而是在出生之时就已经开始了心智的成长。在生命的头三年中，其发展的程度最为可观。每个宝宝都有自发的学习潜力，他们尽管缺乏经验，但所拥有的最丰富的潜力能使他们适应外部世界。

爸 妈 私 房 话

感觉正常，孩子心理才健康

　　正常的感觉功能极为重要，只有拥有正常的感觉功能，才能使宝宝获得来自外界客观、真实、准确的信息，才能形成健康的心理。

🧒 故事的天空

　　梅梅是个漂亮、文静的小姑娘，也许是女孩的缘故吧，她从小就爱哭，胆子也很小。妈妈也没有太在意，认为等孩子上了幼儿园就好了，那里小朋友多，老师也很有爱心，每天生活在集体的环境里，就不会那么爱哭了。

　　在幼儿园里，梅梅和芸芸一起玩皮球，不知为什么两个孩子发生了争执，芸芸在梅梅的手上轻轻打了一下，这下可惹了祸，梅梅立刻放声大哭起来。

　　所有的小朋友都停止了各自的活动，围过来看捂着眼睛哭泣的梅梅，有的小朋友还用手指刮着自己的脸皮，说："没羞，真没羞！"

　　老师闻声赶过来，一群孩子四散跑开玩去了，芸芸还歉意地拉着梅梅的手说"对不起"。老师了解了一下情况后，安慰着梅梅。

　　不哭了的梅梅独自一个人在一边玩耍，小手不小心碰了一下墙壁，就又哭了起来，老师问怎么了，她说手疼。

　　有过几次这样的经历，老师才明白，原来梅梅对触觉特别敏感，即使跑动着的小朋友无意中碰了她一下也喊疼，就连小朋友摸摸她，她也赶紧躲开，直说疼。

吕姐爱心课堂

宝宝从一出生，就会借着各种感官来熟悉环境、了解事物，他们是通过感官来认识世界的。各种感觉是否正常，决定宝宝是否能顺利健康地成长。

梅梅的这种情况属于感觉统合失调中的触觉防御，也就是对触觉过分敏感。其实，原本没有那么疼，有的根本没有一点痛感，如小朋友摸了一下，对于正常的孩子来说，是不会有什么感觉的，可是对于对触觉过分敏感的孩子却不一样了，这是很不正常的。有的宝宝触觉迟钝，对疼痛不敏感，即使碰伤了，依旧满不在乎地玩耍，这也属于不正常的感觉。

宝宝之所以会出现这样或那样的感觉障碍，主要原因还在于，在宝宝的感官敏感期没有给予宝宝适当的感官刺激。责任在爸妈，而不在宝宝。像梅梅这样触觉过分敏感的孩子，大都从小缺乏爸妈的肌肤接触，如很少搂抱、抚摸、轻拍他们，或是给予的相应的触觉刺激太少，这不让摸，那不让碰，担心卫生问题，担心安全问题，把宝宝限制得死死的，从而使宝宝错过触觉敏感期，而导致触觉障碍。

对宝宝的成长来说，正常的感觉功能极为重要，只有拥有正常的感觉功能，才能使宝宝获得来自外界客观、真实、准确的信息，才能形成健康的心理。蒙台梭利就曾经说过："儿童的各种感觉特别敏锐，正处在各种感觉的敏感期。在这一时期，如不进行充分的感觉活动，长大后不仅难以弥补，而且还会阻碍其整个精神发展。"宝宝的感觉正常发育很重要，这可不是小问题，需要爸妈引起高度重视。

蒙氏支招DIY

拥有正常的感觉功能才能让宝宝拥有健康的心理，所以，必须在宝宝出生后就开始训练他们的感觉器官，给他多看、多听、多摸、多尝、多闻的实践机会。

●**给宝宝丰富、适当的感觉刺激**。为宝宝创设一个适合感官发展的环境，利用生活中的各种环境和物品，给宝宝丰富的感觉刺激，让他们获得多种体验，使各种感觉得到正常发展。当然，感官刺激也要控制在适宜的范围内，以免过大、过重的刺激导致宝宝的不适应。

●**听觉训练**。爸妈的话语、悦耳的歌声和音乐对宝宝的听觉都是最好的刺激，所以爸妈要多对宝宝说话、唱歌、朗读优美的诗歌、播放音乐，或带宝宝到大自然中去聆听各种美妙的声音，来训练宝宝的方位听觉及对不同音调的辨别能力。

●**视觉训练**。给宝宝提供各种彩色的小球、积木、塑料玩具等；宝宝的服饰、用具、床上用品也要色彩鲜艳；多带宝宝到户外玩耍，室外的各种建筑、各种颜色的汽车、各色着装的男女老少，都是宝宝观察的目标；引导宝宝到大自然中去看蓝天、彩虹、树木、花草、山川、河流等，这都能使宝宝的视觉得到训练。

●**触觉训练**。多对宝宝进行爱抚、拥抱、给宝宝做按摩，尽可能用母乳喂养；当宝宝吃小手、咬东西时，不要限制，注意清洁卫生即可；让宝宝有机会触摸不同质地的东西，如塑料、橡皮、毛绒玩具等；多让宝宝在地板上爬行、打滚、翻跟头；多和其他小朋友接触；让宝宝玩土、泥巴、沙子、石子、水等。

●**嗅觉和味觉训练**。带宝宝去公园闻闻花香；用香皂洗过手或做好饭菜后让宝宝闻闻香不香；吃饭时让宝宝品尝一下各种食物的味道……只有让宝宝亲自尝试，才能让他们得到真实的体验。味觉偏好在4岁以前就基本形成，所以应让宝宝尽早尝试不同的味道，预防宝宝偏食。

●**留意宝宝的不正常感觉**。爸妈要做个有心人，随时发现宝宝的错觉或者超出正常感觉的体验，及时给予纠正和指导。以免长此以往，给宝宝造成各种各样的心理障碍与疾病。

蒙氏小语♡

儿童的各种感觉特别敏锐，正处在各种感觉的敏感期。在这一时期，如不进行充分的感觉活动，长大后不仅难以弥补，而且还会阻碍其整个精神发展。

用最好的方法爱孩子

　　我们必须对孩子成长过程中的努力给予理解和支持，并且应该用科学的方法尝试着去了解孩子的心理需求。这是我们正在发展的这门科学长期以来的首要原则，也是需要我们用智慧去领悟的科学。

——蒙台梭利

🕐 阅读时间：<u>30</u> 分钟　　🎓 受益指数：★★★★

满足内在需求，为宝宝成长助力

　　内在的需求是宝宝成长的动力，只有当他的需求得到满足时，才有动力去进行新的探索。

📖 故事的天空

　　9个月的鹏鹏坐在小床上玩着塑料小鸭子，妈妈看见小家伙玩得正在兴头上，便拿起一本书看了起来。

　　突然，"啪"的一声，塑料小鸭子掉在了地上，鹏鹏嘴里"呜呜啊啊"地要妈妈帮忙拿起来。

　　妈妈放下手中的书，过去把塑料小鸭子捡起来递到鹏鹏的手上，刚转身走开，就听背后"啪"的一声，塑料小鸭子又掉在了地板上。妈妈看见鹏鹏好像很开心的样子，小手指着地上的塑料小鸭子，意思是要妈妈再捡起来。

　　妈妈再一次捡起塑料小鸭子放到他的手中，说："宝宝，乖，要小心哦，'小鸭子'会疼的。"

　　鹏鹏似乎很愿意听塑料小鸭子摔在地板上的声音，就在妈妈眼前，把它扔在了地上。妈妈赶紧弯腰去捡，小家伙高兴得"咯咯"大笑起来。

　　他可不管妈妈的一再叮嘱，只要塑料小鸭子到了手上，就一松手，将它又扔到地上。就这样扔来捡去，小家伙越玩越高兴，一点打住的意思都没有。妈妈受不了了，最后干脆把塑料小鸭子收走，不再给他玩了。

鹏鹏见妈妈不和他做游戏了，"哇哇"大哭起来，嘴里嚷着："鸭，鸭。"

没办法，妈妈只好又拿出塑料小鸭子，继续被他高兴地折腾着，小家伙又"咯咯"地大笑了，脸上还挂着泪痕呢！

🙂 吕姐爱心课堂

扔下去，捡起来，很简单的一套动作，却令宝宝开心不已，因为这是宝宝生命早期的内在需求。好奇是宝宝的天性，在他们看似破坏的举止中，却是在不断地认知这个世界。妈妈耐心地配合是帮助宝宝发展智能最好、最自然的方式。如果妈妈觉得很无聊，不予以积极配合来满足宝宝的这种内在需求，宝宝的探索欲望就会受到压制与阻碍。

蒙台梭利认为："内在需求是促使儿童在各个方面进行努力的动力，只有在他所有成长的需要得到完全满足之后，才能够进一步发展。"一个人真正的力量不是来自于外在，而是来源于内在，内在如果没有了需求，宝宝成长就没有了动力。只有当他的需求得到满足时，才会产生愉悦、振奋等积极的情绪体验，才有动力去进行新的探索。

可以说，每个阶段的宝宝都会有不同的内在需求，翻身、学坐、爬行、走路、说话、扔东西、涂鸦、识字等，他们的发展就是通过不断满足其需求而得到提升的。任何一个需求满足后，一种新的、更高级的需求又出现了。宝宝就是在需求的满足和新的需求产生的过程中进步和发展的。

宝宝的内在需求是其成长的养料。满足这些需求，就是在为他们的成长注入源源不断的动力。宝宝满足了吃喝的需求，可以长身体；满足了探索的需求，便会产生好奇心，了解更多的事物；满足了安慰的需求，心情就会快乐起来，体会幸福感，享受亲情的温馨。所以，要尊重和理解宝宝的内在需

求，并及时给予他们满足的快感。

🐼 蒙氏支招DIY

　　既然满足宝宝的内在需求才会加速其成长，那么，爸妈就要重视宝宝的内在需求，以最适合他们的方式来应对各种行为，使宝宝的需求得到满足，从而更加顺利地成长和发展。

　　● **了解宝宝的真正意图**。在与宝宝的接触中，要认真观察，揣摩他行为背后的真正意图，理解并满足他的需求，让宝宝的需求得到尊重。只有这样，获得最大满足感的宝宝才会更加快乐地成长。

　　● **尊重宝宝的合理活动**。不要轻易打断宝宝正在进行的活动，当宝宝寻求爸妈帮助时，要及时满足他，并给他提供尝试的机会。宝宝执意自己吃饭，就不要怕他弄脏了衣服或把饭菜撒到地上。宝宝坚持自己系鞋带，就耐心地等在他身边，即使笨拙的动作使他总是系不好，也不要动手代劳。经过无数次的尝试和努力，宝宝一定会完成任务的。

　　● **积极地配合宝宝**。当宝宝在某个阶段特别热衷于去做某些事情的时候，应给他提供便利的条件。如在他喜欢扔东西时，不妨耐心地替他捡起来，配合他的动作。当然，不能扔的东西要束之高阁，拿那些能扔的东西来满足他的欲望。当宝宝的内在需求得到满足，发展得到尊重，自然就会将他好奇的目光转向别处。

　　● **为宝宝提供拓展的环境**。及时为宝宝提供相应的材料和环境，才能使宝宝得到更多的锻炼机会。如为宝宝准备运动的环境、涂鸦的环境、动手的环境、阅读的环境等。有了更为丰富的环境，宝宝才能拥有更多选择和锻炼的机会，才能将发展的内在需求转化成更为强劲有力的内驱力。

👦 蒙氏小语 ♡

　　一个人真正的力量不是来自于外在，而是来源于内在。内在需求是促使儿童在各个方面进行努力的动力，只有在他所有成长的需要得到完全满足之后，才能够进一步发展。

孩子不是"私产"，请尊重小孩的人格

尊严几乎是与生俱来的，再小的孩子，也有自尊和人格，也渴望被人理解和尊重。

故事的天空

小区外边正在翻修便道砖，路边卸下一堆沙子，远处有几个工人正在紧张地铺着路面。

夕阳下，几个小家伙分散地跪在沙堆上，正起劲儿地比着掏洞。3岁的沥沥动作没有比自己大几岁的小哥哥们娴熟，他只是用手抓沙子，掏出的洞只是一个浅浅的坑。即便如此，他也玩得很起劲儿，因为他从来没有见过这样一大堆沙子。

现在正是下班的时间，路上的汽车、电动车、自行车飞驰而过，行人也步履匆匆。

沥沥的爸爸正从便道上走过来，远远就看见宝贝儿子在和一群大孩子玩沙子。小家伙们都浑身满是沙子，兴奋得大喊大叫着。沥沥比那些大孩子更狼狈，时不时抓起一把沙子向空中扬，嘴里还兴奋地喊着："下雨喽，下雨喽！"结果头发上、脸上全是沙粒。

爸爸加快了脚步，嘴里严厉地喊着："沥沥，不准玩沙子！"

沥沥见爸爸过来了，更加兴奋了，抓起一把沙子就要"下雨"。

爸爸一个箭步赶过来，及时抓住儿子的小手，命令道："快，回家，不要玩了，看你弄得浑身脏兮兮的。"

沥沥还没有玩够，不想离开这堆可爱的沙子。

爸爸把他抱了起来，快步走开。

沥沥拼命地反抗，嘴里喊着："我要沙子！我要沙子！"

在爸爸的强制下，沥沥被带回了家，小家伙闷闷地坐在那里不想理爸爸。爸爸放好了水，过来叫儿子去洗澡，他执拗地把脸扭向一边，表示抗议，发泄着心中的不满。

吕姐爱心课堂

小宝宝也有尊严，爸妈批评和斥责时，他们会很委屈地哭就证明了这一点。蒙台梭利认为："教育者的首要责任是觉察儿童的人格，并对之予以尊重。"在现实生活中，孩子不被尊重是比较普遍的，沥沥爸爸的做法就是典型的不尊重孩子的人格，按照自己的意愿行事，而完全不考虑孩子的感受。

有些爸妈怕孩子吵闹，就阻止他们与小朋友交往。有的宝宝因为不愿意按爸妈的要求去做，被斥责打骂或单独隔离到另一个房间去反省。这些都是不尊重孩子人格的体现。孩子有孩子的思维，有他们自己的行为方式，他们没有偏离发育的轨迹，是爸妈按照成人世界的规矩要求孩子，导致他们不适应或无法完成。

为此，蒙台梭利批评道："成人自以为是的态度，以及他们那些错误的、不恰当的行为，其实都被孩子看在眼里。这些潜在的矛盾，总有一天会引起父母和孩子之间的现实冲突。孩子和成人之间存在一道鸿沟，没有人能够跨过。"爸妈用不尊重的态度和行为对待孩子，看似关爱、赢得胜利的同时，却压抑了孩子个性的发展，也失去了孩子原本对他们的信任，并且连同孩子的自然情感也一并失去了。

千万不要认为孩子是自己的私产，对他们有支配和使用的权利。如果没有自由，没有人格，没有思想，一切行动由爸妈来支配，他们的幸福何在？爱孩子，就应该尊重他们的思想和观念，尊重他们的独立性和创造性，尊重他们的想象力和表现力，尊重他们的特殊生理和心埋需求。只有这样，他们才能无拘无束地生活，才能健康向上地发展。

蒙氏支招DIY

如果希望自己的宝宝未来能有一展才能的机会，就应当尊重他们的人格，和他们平等相待。轻视、溺爱、粗暴干预会严重影响到宝宝身心的发展，不符合健康成长的规律。

●**尊重宝宝的合理要求**。对宝宝的合理要求要尊重，他们在成长过程中时刻有欲望，时刻有要求，这是发育阶段必不可少的。从这些新的欲望和要求中，宝宝可以得到新的智慧和更多的经验。当然，宝宝的不合理要求则不能一味满足，但应及时向宝宝解释清楚，让他知道哪些要求是合理的，哪些是不合理的。

●**不要取笑宝宝的幼稚行为**。每一个宝宝都有一种快些成长的欲望，所以他们喜欢独立做事情。由于经验不丰富，动作显得有些笨拙，甚至可笑。这时，爸妈要多鼓励，不要对宝宝努力的态度进行取笑，否定他们的行为，这样容易使宝宝信心受挫，不愿意自己努力做事情了。爸妈也不要代替宝宝做事，这是他们成长的需要，事事代劳会让宝宝失去自己动手的机会，是对宝宝成长的不尊重。

●**从宝宝的角度看问题**。宝宝眼中的世界与成人不同，爸妈不能以成人世界的规则去要求他们，不妨多站在宝宝的角度，以宝宝的眼光审视出现的问题，这样才会赢得孩子的信赖，并成功地进行亲子沟通与交流。

●**别伤了宝宝的自尊**。小宝宝也有自尊心，爸妈不要在外人面前批评、指责宝宝，或拿宝宝与别的孩子比较，这会让宝宝的自尊心受到伤害，非但不能起到良好的教育的作用，反而会导致宝宝为了顾及自己的面子，故意做出抵制行为。

蒙氏小语 ♡

在父母和孩子之间的冲突中，虽然得胜的通常是强势的一方，但是父母依靠强权取得的胜利，会失去孩子原本对他们的信任，并且连同孩子的自然情感也一并失去了。

乐此不疲地重复，让宝宝自然而然训练

宝宝既然喜欢重复，那就给他们提供足够的条件好了。不要打消他们的积极性，在不断重复的过程中，他们可直接获取经验，远比空洞的说教更有效果。

📖 故事的天空

2岁半的惠惠是一个能干的小家伙，家中的十张塑料拼图是他的最爱，每天都乐在其中地或坐或跪，要不就撅着小屁股在地板上拆拆装装。

早饭后，他又开始了自己的"工作"，先是把十张拼图逐一拆开，打乱顺序堆放在一起，然后开始拼装。

这是十张动物拼图，每一个动物因形状不同，所组成的部分也不尽相同，如小兔子的眼睛、四肢、尾巴与鲸鱼的就大不一样，因此在一堆乱七八糟被"肢解"的各种动物"零件"中找出来，再拼上去是一个费功大的活儿。

小家伙很有耐心地找着、拼着，手眼协调地进行着组装，连淌下来的汗水都顾不上擦，奶奶端来的清凉饮料也顾不上喝，还不耐烦地要求不要打搅他。

终于，十张拼图被完完整整地拼好了，所有的小动物都不缺少任何"零件"，安静地待在上面。惠惠光着小脚丫很有成就感地在上面走了几趟，然后从脚下开始，逐一地把刚拼

好的拼图依次拆开，所有的小动物又被"肢解"得七零八落，他又开始了新一轮的组装。

刚开始，家里人都劝阻他，说好不容易才拼好的，连一分钟都没有，再次被拆散，这不是在瞎折腾吗？惠惠却不管这些，固执地按自己的想法来做。后来，家里人都习以为常了，不再去劝阻他。经过一段时间，大家发现，小家伙的技术越来越娴熟，由最初的大半天，进展到如今十来分钟就可以搞定了。

吕姐爱心课堂

宝宝喜欢不厌其烦地重复做某一件事，这在爸妈看来有些不可思议。其实，他们的这种重复练习，正是其锻炼和学习的需要。通过无数次反复研究对比，他们学到了许多经验，不仅各种能力得以完善，智力也因此得到极大的发展。并且，在不断重复的过程中获得了乐趣和满足，还有妙不可言的成就感。

蒙台梭利认为："'重复练习'的行为能够满足儿童特定时期的需求，也更容易让他们获得成就感和独立感。另外，驾轻就熟的'工作内容'更容易让儿童产生心理上的安全感。"不要认为宝宝的这些重复是在做无用功，是在浪费时间和精力，他们正是通过这种看似毫无意义的重复练习，锻炼了手眼及肢体协调能力，且注意力一直处于忘我的境地，这对培养孩子的专注力和意志力也大有裨益。

这种重复现象在生活中极为常见，年龄越小的宝宝越喜欢重复，当他们对一件事情感兴趣时，就会没完没了地去做。这是宝宝一种自然而然的训练活动，其真正目的是要满足一种潜意识的需要，并能够在做这种事情的同时获得成长。因为在这种重复的行动中会增强精神系统的调控能力，在自身的肌肉之间建立起一种新的协调性。在成人眼里，宝宝简直就是一个小傻瓜，甘愿重复简单的动作而耗费体力。殊不知，当他们经历了这样的体验之后，就像刚刚得到休息，充满了活力，并获得某种极大的快乐，这也是他们做事不知道疲倦的原因。

蒙台梭利把"重复练习"比作儿童的智力体操。这个比喻十分恰当，它很好地诠释了重复和智力之间的关系。这些看似枯燥、简单、浪费时间的重复练习，对成人来讲是枯燥无趣的，而对孩子来讲却是非常有益的。这不仅是他们学习的一种特有方式，更能给宝宝的成长带来提升。

蒙氏支招DIY

宝宝的"重复"，是独立学习的过程。当宝宝专心"重复做事"时，爸妈需要做的就是观察，提供必要的条件和环境，给予宝宝支持和增援。

●**提供必要的支持。**宝宝要拆装东西，就给他提供诸如玩具、废弃的钟表等材料。最好专门为他开辟一个"工作"场地，让他安心于自己所钟爱的"事业"。

●**多方位创设必要的环境。**宝宝对什么都有可能感兴趣而愿意去干"傻事"，如站在河边不断往水中抛小石子，跑到有台阶的地方上上下下，跪在地上不厌其烦地玩泥巴等。这就需要爸妈为他们创造必要的条件。如带孩子去大自然中寻找乐趣，给爱玩泥巴的宝宝提供橡皮泥，给喜欢玩沙土的宝宝提供小桶、铲子和沙土，给拆装拼图的宝宝提供拼图和场地。

●**不要帮助和打扰宝宝的重复。**不要对不知疲倦重复做某件事的宝宝失去耐心，要腾出时间陪伴在他身边，只要宝宝有兴趣，就不要帮助和打扰他。宝宝在敏感期内对周围事物有着不可抑制的热爱，这对心智发展有着极大的促进作用。帮助或干扰宝宝的活动，就会破坏他们的兴趣，阻碍其心智的发展。

蒙氏小语♡

儿童重复的真正目的是要满足一种潜意识的需要，并能够在做这种事情的同时获得成长。通过无数次反复研究对比，他们学到了许多经验，不仅各种能力得以完善，智力也因此得到极大的发展。

不厌其烦地作答，宝宝好奇心的最好呵护

宝宝的问题也许千奇百怪甚至不着边际，令爸妈无法作答。这说明他在思索，在探知。不厌其烦地回答宝宝，就是为他开启一扇智慧之窗。

故事的天空

4岁的项项简直就是个"问题多"，他的小脑袋里整天装着无数稀奇古怪的问题，一有机会，就会向大人发起"轮番轰炸"。这不，项项正盘腿坐在床上，小大人似地拍着床面，要求坐在沙发上织毛衣的妈妈坐到自己的身边来。

妈妈有些发怵地移到床边坐下，知道宝贝儿子一定又有新问题要她回答了。

项项："妈妈，我有一个问题问你，你说咱家的电视怎么能把大人和小孩都装到里边？"

妈妈："因为是用摄像机拍摄的缘故。"

项项："那摄像机怎么能让人都钻进去呢？"

妈妈："摄像机是高科技。"

项项："什么是高科技？"

妈妈："高科技是科学家们研究出来的。"

项项："怎么研究出来的？"

妈妈有些不耐烦了，手中的织针飞快地穿梭着。

项项等了半天，又换了一个话题："妈妈，小姨家的霄霄为什么吃小姨的奶，我怎么吃饭呢？"

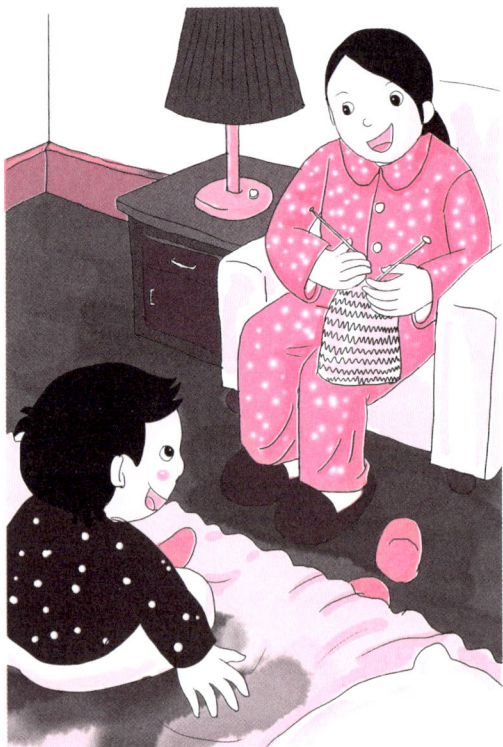

倾情解读蒙台梭利早教精髓

妈妈："项项大了就吃饭了，霄霄长到像你这么大，也要吃饭的。"

项项："我小时候吃什么呀？"

妈妈："当然吃妈妈的奶了。"

项项："妈妈现在怎么不给我吃奶？"

妈妈："妈妈没有奶了呀！"

项项茫然地问："为什么呢？"

妈妈赶紧找个借口走到厨房去了。

项项从床上爬下，去找妈妈接着问那些永远也问不完的问题。

吕姐爱心课堂

面对问题多的宝宝，许多爸妈都采取回避的态度，他们那不分场合、没完没了的"为什么"，着实令人难以招架。蒙台梭利告诉我们："儿童总是充满了好奇，经常要求成人为他们解释很多事情。面对一个接一个的问题，我们就像被轰炸了一样。假如成人能对他们的问题不厌其烦地一一解答，认为他们的这些行为是求知的表现，儿童就会非常高兴。"

好奇是人类的天性，儿童更是如此，他们用不断提问的方式来增长见识、学习知识。孩子渴望了解世界是他们认识世界的开始，正确的思维方法就是在这个过程中形成的。宝宝之所以总是爱问各种问题，是因为他们对所接触的事物产生了浓厚的兴趣，想知道事情的真相。这是宝宝求知欲的表现，而非自己闲来无聊，故意给爸妈找麻烦。现实生活中，有些爸妈常常不能给予宝宝满意的回答，甚至感到不耐烦，对孩子提出的问题置之不理，这会扼杀孩子的好奇心和求知欲望，挫伤孩子提问的积极性。持这种态度的爸妈要改变一下自己，爸妈如何对待孩子的提问，直接影响其智力和思维的发展。

宝宝在能用语言表达自己的意念之前，实际上已经有了一些思想，宝宝开始提问，就意味着他想主动认识各种事物，学习外界知识。如果爸妈能耐心进行引导，就等于帮助宝宝学习知识，了解这个世界，此时正是扩大宝宝的知识面、丰富孩子内心世界的好机会，爸妈应做到有问必答。

蒙氏支招DIY

对爱提问题的宝宝，别无他途，只有不厌其烦地给予作答。问题多的宝宝多是勤于思考、爱动手、求知欲强的孩子，爸妈不但要很好地回答他们，还要予以激励，使宝宝感到提问题是一件快乐的事情，经常为提出问题而自豪，这对宝宝的思维发展大有好处。

●**耐心回答宝宝的提问**。对于宝宝的"狂轰滥炸"，爸妈不能产生厌烦心理，一定要有耐心，认真倾听宝宝的提问。能回答上来的，尽量给以热情周详的解释；一时回答不上来的，要做出合理的解释，告诉宝宝查找一下资料再讲给他。这会使宝宝的好奇心受到呵护，并逐渐养成勤于动脑的好习惯。

●**做好被提问的准备**。爸妈不是百科全书，对宝宝提出的稀奇古怪的问题肯定一时难以应付。所以，最好用专门的笔记本记下孩子所提的问题，赶紧去充电，尽快给孩子答复。购买《百科全书》《十万个为什么》等图书放在家里做"顾问"，随时准备应急用。

●**回答问题要简单扼要**。宝宝不喜欢成人长篇大论的解答，他们也记不住。所以要根据宝宝对事物的理解程度，用浅显的科学道理直接、明确地给予回答，能简单点儿，就不要复杂。

●**不要拒绝宝宝的提问**。如果宝宝不厌其烦地追问同样一个问题，不要粗暴烦躁地拒绝回答。不予理睬或故意转移其注意力也不可行。即使宝宝提的问题不着边际，也不要斥责他是在胡思乱想，这会给宝宝带来很不好的心理暗示，影响心理发育。

●**鼓励宝宝多提问**。宝宝爱提问是好事，这是他肯动脑筋、积极向上、勇于求知的良好表现。因此，无论宝宝的问题多么简单、幼稚、可笑，多么难回答，爸妈都应该鼓励他提问，并且应在生活中适当地启发宝宝提问，引导宝宝思考。当宝宝在爸妈的引导下自己得出答案，他会非常高兴和有成就感。

蒙氏小语 ♥

好奇是人类的天性，儿童更是如此，他们用不断提问的方式来增长见识、学习知识。假如成人能对他们的问题不厌其烦地一一解答，认为他们的这些行为是求知的表现，儿童就会非常高兴。

提供自我教育空间，让宝宝自己教自己

宝宝能够完成自己既定的任务，他们笨拙的动作和执着的努力就是最好的证明。

故事的天空

阳阳把积木统统都倒在桌子上，他要搭建一个高高的宝塔。妈妈坐在一边陪着宝贝儿子，她要看看小家伙能不能顺利完成任务。

阳阳对积木并不陌生，以前也搭过一些简单的两三层的小房子，但建一个高高的宝塔还是第一次尝试。他先将一块小积木放在下面做基础，然后在小积木上方摞上一块大积木。由于放偏了的缘故，大积木倾斜了，不能继续搭建了。毫不气馁的小家伙几次想把大积木放平稳，可是都以失败告终。

在一旁的妈妈看后，虽然心里着急，几次要给予指导，但还是忍住了，打消了为孩子提供指导的欲望，始终保持沉默，只是看着他在那里一次次努力。

阳阳试着搭了数次，都没有成功。连着失败了几次，他似乎明白些什么了，开始试着改变原来的思路，将大积木放在最底层做基础，然后按照顺序将稍大的放在大积木上，结果很牢固，小家伙露出了欣慰的笑容，一旁的妈妈终于放下心来，知道他已经找到了经验。果然，经过一次次的努力，终于一层层地很快建好了一座宝塔。

妈妈在一旁为儿子的成功叫好，启发地问儿子："宝贝儿，知道为什么你这次成功建成了宝塔吗？"

阳阳歪着小脑袋想了想说："大积木放在下面，我的宝塔就不会倒了。"

吕姐爱心课堂

蒙台梭利认为："在各个物种中都存在着一种无意识心理，它驱使生物主动地吸收外界的养料，以满足自己生长的需要，儿童亦不例外。受生命潜能的驱使，所有儿童天生具有一种'吸收'文化的心理，因此他们能自己教自己。"事实也正是这样的，阳阳在没有人教授和帮助的情况下，通过自己的不懈努力，终于构建起心中的宝塔。

自我教育对宝宝智力发育有很大的帮助作用。它会使孩子的心理感觉过程更加完善，帮助他们从对事物的感觉转移到对物体的观念上来。不要认为宝宝不能独立完成一些任务，其实他们具有自我学习的本领。他们能在失败中找出成功的方法，这是很了不起的。当宝宝独自完成一件事情时，爸妈要给予认可并加以鼓励。

有些爸妈觉得孩子小，在爸妈的指导下进步会更快些。这种做法无疑是在揠苗助长，看似在帮助宝宝进步，其实是阻碍了他们正常的发展进程。蒙台梭利曾说过："教育并非教的过程，而是人的本能发展的一种自然过程，不是通过听，而是依靠儿童作用于环境获得的经验。"所以，爸妈所要做的不是讲解，不是帮助，更不是代劳，而是为他们提供必要的环境，不去随便打扰他们就万事大吉了。要允许宝宝的个性发展，允许他们天性的自我表现。

对宝宝的自我教育一定要高度重视起来。过分强调他人教育，很容易导致宝宝被动学习，压抑他们的个性，最终导致消极的学习效果。因为只有发自内心的对于知识的好奇及热爱，才能不断激发学习动机，宝宝才会积极主动地投入到他所喜欢的"事业"中去。

蒙氏支招DIY

培养宝宝自发的学习欲望，会使宝宝更有动力去学习。爸妈应尽可能减少对孩子的干预，帮助他们在自我教育当中向着正确的目标努力。

●**给宝宝自我教育的空间。**宝宝虽然具有自我教育的能力，但还需要爸妈提供所需条件，创设相应的环境。宝宝爱搭积木，爸妈要给他买来；宝宝喜欢研究蚂蚁搬家，就带他去有蚂蚁洞的地方。要相信孩子会自发地将学到的概念应用到生活中，所以不要逐一地去教他，告诉他如何做。爸妈只需要等待宝宝对周围环境自发地观察，让孩子自己去发现、去经历、去享受获得知识的成就感。

●**尊重宝宝是第一位的**。尊重宝宝不仅仅是指对他们要和颜悦色、语气柔和，最重要的是对宝宝的意愿的尊重。宝宝愿意玩什么，就尊重他的选择，不去打扰他，不替宝宝做决定。只有这样，宝宝才能更好地进行自我教育，愉快地自我学习。

●**热爱与鼓励**。爱的感觉是一种动力，有了爱，宝宝才能心情更舒畅。爸妈要全身心地去爱宝宝，不将成人的意志强加给宝宝，热心地观察宝宝的表现，耐心地等待他们做完一件事。要随时激发宝宝的兴趣，使他全心全意地投入到活动中，让他们相信自己的能力，吸引他们去做各种练习，从而发展自己的能力，实现自我教育的目的。

●**多和宝宝玩有益于自我教育的游戏**。生活中的一些小游戏，也可以帮助宝宝在互动中进行自我完善和学习。如摸瞎游戏，让宝宝在蒙上眼睛的情况下，在房间里自由走动，触摸物品，并说出名称。爸妈不要给宝宝提示，只需在旁边做好保护和引导。遇到错误时，让宝宝自己看看，然后蒙上眼睛接着进行。这个游戏可以促进宝宝对物体形状、维度和重量的感知，锻炼他们视觉和空间的记忆能力，使他们在摸索中不断进行自我调整，达到自我教育的目的。

蒙氏小语♡

教育并非教的过程，而是人的本能发展的一种自然过程，不是通过听，而是依靠儿童作用于环境获得的经验。成人的任务不是讲解，而是在为儿童设置的特殊的环境中预备和安排有益的文化活动主题。

理解孩子的感受，使亲子感情更密切

　　宝宝的心灵需要温暖的呵护，他们脆弱的心灵经不起外界的打击。尽管这种打击在成人眼里算不得什么，可是对于宝宝来说，却是天大的事情。

故事的天空

　　虹虹从幼儿园一出来，前来接她的爸爸就发现女儿一脸的委屈，便询问道："小公主，今天怎么不开心啊？"

　　虹虹噘着小嘴说："老师批评我了。"

　　爸爸说："那一定是你不听话，老师才批评你的。"

　　虹虹大声地辩道："才不是呢！才不是呢！"委屈得眼泪都流了下来。

　　爸爸见好多人都往这边看，便带着虹虹赶紧离开，回家去了。

　　妈妈在家做好了饭，发现女儿哭着回来了，赶紧抱起宝贝女儿，问："谁惹虹虹不高兴了？"

　　没等虹虹说话，爸爸接过去说："在幼儿园里不听话了呗，都挨老师批评了。"

　　虹虹在妈妈怀里大声抗辩道："不是的！"

　　妈妈赶紧示意爸爸不要再说话了，把女儿抱到房间里，先是柔声地安慰着孩子，然后说："妈妈相信你是一个好孩子，跟妈妈说说经过好吗？"

　　原来，下午吃饭时，虹虹见坐在自

己身边的刘洁洁胳膊上有一片青菜叶，她便好心地用手指去捏下来，举在手里准备告诉刘洁洁。结果刘洁洁误以为是虹虹故意放上去的，便举手告诉了老师。老师也没有询问详细经过，随口批评了虹虹几句。

妈妈听后，爱抚地摸着虹虹的头说："老师批评你，你心里一定很难受吧？"

虹虹一脸委屈地点点头。

妈妈轻轻在她小脸上亲了一下说："虹虹没有错，是刘洁洁和老师误会你了，妈妈理解你。"

虹虹心里好受多了，亲昵地趴在妈妈的肩头，那些不快和委屈好像也随之烟消云散了。

吕姐爱心课堂

每个人的内心都包含着脆弱的情感，孩子更是如此。虹虹受到了误解，心里感到委屈，本想在第一时间得到爸爸的理解，结果爸爸的话无疑是雪上加霜，使孩子的心里更加不好受了。

蒙台梭利说："理解和关心孩子的内心感受，不仅能帮助孩子清晰地观察人与人之间的互动，还能帮助他们发展社交能力。因此我们这么做，就是在帮助孩子汲取生活社交中的直接经验，孩子细腻、纯真、敏锐的情感天赋也能够由此得到顺利发展。"孩子的感受和他们的行为有直接的联系，孩子有好的感受，才会有好的行为。当孩子的内心感受被不断地否定时，会感到困惑和愤怒，往往会做出一些反常的举止来表达自己心中的不满。所以，不要忽视孩子的内心感受，在精神上给予他们极大的关注和理解，远比物质上的关注更能受到孩子的欢迎。

有些爸妈觉得小孩子哭闹一阵后会自己安静下来，无须去安抚他们，认为如果孩子一哭就去安慰，会把孩子惯坏，变得娇气。不要对宝宝的心理变化置之不理，他的一个小小举动在爸妈看来没有什么了不起的，可是在宝宝心中却是一份重要情感。每当宝宝告诉爸妈哪件事情让他们觉得不愉快时，如果给予足够的安慰，他们很快就会走出心理阴影。宝宝在得到适时的安慰和关爱后，会不受影响地继续观察周围的事物，自由地体验生活。这种感同身受的关爱和体谅，能让宝宝感受到爸妈对自己的关心和来自爸妈的爱，使亲子感情更密切，更利于宝宝健康、快乐地成长。

蒙氏支招DIY

孩子更需要理解，因为他们对这个世界有太多的困惑。要及时捕捉到宝宝在生活中流露出的细腻情感，快乐时与他们分享，有了苦恼时要及时予以安慰。只有这样，孩子才能在第一时间把自己内心的不快倾吐出来，因为爸妈是他们最信任的人，也是知心人。

●**与宝宝情感要同步**。宝宝的苦恼，也应该是爸妈的苦恼，只有这样宝宝才能找到"知音"，敞开心扉，吐露自己的真实感受。当宝宝有苦闷向爸妈诉说时，一定要表现出十分关注的样子，表示爸妈愿意分享他们的想法和感受。此时，无论在做什么事情都应该停下，仔细地倾听，与他产生共情。只有这样，才能真正了解宝宝的感受，更好地与他沟通，帮助宝宝解除心结。

●**理解孩子的感受**。当宝宝表达他的想法或者感受时，爸妈不要总是去问为什么，有时对于孩子来说，感受只是感受，只是情绪的正常反应而已，他也未必能答出是为什么。所以爸妈只需认同孩子的感受，多给予理解和关注就够了。

●**细致地表达爸妈的回应和态度**。宝宝心情不好或受了委屈，爸妈不要只是简单地说"我理解你"，而是要给宝宝更加细致精确的表达，如告诉宝宝"被老师误解一定觉得很难过""学习这么长时间一定累了""我觉得冷，但你觉得这里很热"等。

●**不要进行无端的批评和指责**。宝宝心情不好，批评和指责会让他们更难过。即使孩子有些责任，也要先认同和理解孩子的感受后，再和风细雨地与他讲道理。因为受委屈的人，很少去反省自己有什么过错，而被感动的人则更容易自省。

●**静静地陪伴也是共情**。当宝宝遇到不开心的事情时，有时不想说话，也不愿意听别人在身边喋喋不休。这时，爸妈可以拥抱着宝宝，安静地陪在他身边，什么也不说，使宝宝感受到，爸妈是理解自己、爱自己的。

蒙氏小语 ♡

　　理解和关心孩子的内心感受，不仅能帮助孩子清晰地观察人与人之间的互动，还能帮助他们发展社交能力。同时，孩子细腻、纯真、敏锐的情感天赋也能够由此得到顺利发展。

自由选择，宝宝受益良多

随心所欲是宝宝最理想的生活状态。他们在自由选择中，享受着生活的快乐。在自发的兴趣下，催发心智的成长。

故事的天空

阿忆3岁了，家里有许多玩具，可是他并没有显示出十分快乐的样子，拿起玩具也总是三分钟热情，把玩一会儿，便丢在旁边不愿再动它了。这缘于妈妈的干预过多，她觉得小男孩就应该玩小汽车啊，玩具枪什么的，这才是男子汉该干的事情。

可是小阿忆却偏爱用小铲子铲土、玩沙子，妈妈觉得不卫生，弄得满身沙土，太脏了。

孩子总是闷闷不乐，做妈妈的看在眼里，疼在心上。为了让孩子开心，她带孩子去游乐园玩，去吃肯德基，但效果都不是很明显。

有一天老同学郭霞来串门，两个人交流起育儿经。阿忆妈妈把自己的担心说了出来，觉得自己已经很称职了，可是孩子就是不开心，是不是有什么病啊？

郭霞听完她的陈述，批评道："孩子没病，是你自己有病。"

阿忆妈妈被弄得一头雾水，呆呆地看着老同学。

郭霞说："你对孩子限制过多

了，只从安全、卫生的角度考虑问题，却从未站在孩子的角度去看问题。让孩子自由选择，他才能开心。"

阿忆妈妈被郭霞开导了大半天，才发觉以前自己真的错了。于是，她开始放手，孩子爱玩什么就玩什么，还特意带阿忆来到河边，让他尽情地玩水、玩沙。

没过多久，妈妈发现阿忆比原来机灵、活泼多了，整天开开心心的，像换了一个人似的。

吕姐爱心课堂

宝宝渴望自己选择不同的事物和行动，不喜欢被人为地规定需要这样做或那样做。这种自由选择是心理的需要和倾向。特别是当宝宝迸发学习的热情时，不仅对秩序、重复训练非常着迷，而且他们还有一种自由选择的需求。

蒙台梭利把自由看成是人类与生俱来的一种权利，她认为："人一出生就有自由的权利，这种自由权利最主要的表现，就是应让儿童自由地选择工作。"在儿童之家里，孩子们可以按照自己的意志去决定选择什么工作，决定工作进展到什么程度，进行多长时间。孩子的这种选择权，是自发的，而不是别人派定的。只有这样，他们才能产生动力。他们喜欢的他们才选择，自由选择可以增加孩子的自信心，可以加强自我控制能力。

自由选择对宝宝的心理发展极为重要，也是培养宝宝乐观性格和学会独立生活的前提。在有些家庭里，一切事情都没有孩子做主的份儿，大到上哪个幼儿园，参加什么培训班，小到穿哪件衣服、哪双鞋，看什么电视节目，玩哪个玩具，都是爸妈说了算。孩子总有事不关己、无权过问的感觉，因而他们并不像成人想象的那么快乐。宝宝只有对自己感兴趣的事物，才会不厌其烦地花费精力去做。如果给他们不喜欢的东西，只会增加不必要的精神负担，他们也不会得到应有的快乐。

每一个宝宝都有自己的想法，大有自己的世界自己做主的气概。如果爸妈尊重宝宝的意愿，多给他们自由选择的机会，既能培养宝宝掌握选择、判断和取舍的能力，使他们感受到自己能把握生活，又能增进亲子关系的和谐程度。一般来说，只要不涉及原则性的问题，就应给宝宝充足的自由，让他自己做决定，给他独立生活的机会。爸妈尊重了宝宝的选择，他也会形成自我约束的能力，产生自我价值感和责任感，从而自觉收敛自己的不良行为。

人生有无数个选择的路口，孩子终将独立地去面对未来，独自承担选择的结果。爸妈不可能永远代替孩子做出选择。多给孩子选择的机会，并尊重他的选择，孩子会从中受益良多。

倾情解读蒙台梭利早教精髓

🐻 蒙氏支招DIY

给宝宝自由选择的权利，看似很简单，却很难做到。爸妈往往习惯于将自己的意志强加给宝宝，认为他们还小，不会选择。其实，越是不给他们权利，他们越是不会生活，当他们真的长大了，也就失去了选择的能力。相信孩子，让他自由地去选择吧！只要敢于放手，孩子就能形成能力，就能在自由尊重的氛围中变得自信而快乐。

●**尊重宝宝，给他自由选择的权利。** 无论做什么事情之前，爸妈都应该尊重宝宝的选择，只要没有危险，就应允许他们自己做主。在宝宝活动时，爸妈只是参与者，要采取不干预的态度，让宝宝自己思考、发现和探索。只要这样，才不会限制孩子自己思考、抑制其创造力的发展。

●**给宝宝创造自由选择的机会。** 在生活中，爸妈要多给宝宝一些机会，让他们自己去选择。如在购物时，让宝宝做出选择；穿衣服时，也要参考一下小宝贝的意见。培养他选择的能力和勇气，让他在选择中学会思考，学会优中择优，学会承担选择的后果。

●**给宝宝做决断的时间。** 让宝宝自己做出选择的时候，爸妈要有耐心，因为宝宝的反应能力与成人不同，需要有一段思考的过程。耐心地等待，更会显示出尊重孩子的兴趣和选择。

●**鼓励宝宝在选择中认识自己的力量。** 当宝宝面对选择时，爸妈要运用鼓励、信任的语言或神态，告诉宝宝相信他有能力做出正确的选择。这会激励宝宝，使他产生欣喜和感激，从而相信自己有独立选择和承担责任的能力。

●**必要的指导不可少。** 在尊重孩子选择的前提下，必要的指导和监管还是要有的。放手不是放任，自由也绝不是放纵。由于宝宝年龄小，在他们做出某种不恰当的选择时，不要放任自流，应通过商量的方法耐心引导，切忌采取强硬手段逼宝宝就范。

👦 蒙氏小语 ♡

我们不可轻易去干涉儿童的选择，不要总是以为自己的安排就是恰到好处的。宝宝只有对自己感兴趣的事物，才会不厌其烦地花费精力去做。如果给他们不喜欢的东西，只会增加不必要的精神负担，他们也不会得到应有的快乐。

慎用奖惩，让宝宝学会自我约束

　　奖惩不是万能的，最成功的教育方法是让宝宝学会自我约束。只有这样，他们的心态才能更健康。

👧 故事的天空

　　横横的爸爸挺有自豪感的，他觉得自己教子有方，他的教子秘籍就是两个字——奖励。

　　横横每天晚饭一结束，立即帮助妈妈收拾碗筷，抢着去擦桌子。等把这一切做完后，横横把爸爸请过来，让爸爸验收。当爸爸满意地"嗯"了一声时，就表示他很满意，验收通过了。小家伙高兴地蹦跳着，把小手伸出来，爸爸立即兑现他的奖励，两个一角的硬币便落在横横的手中。

　　妈妈在厨房喊横横过来帮忙，小家伙溜达进厨房，见妈妈正忙着洗碗，脚下的垃圾桶倒了，妈妈要他把垃圾桶扶起来，他却说没有奖励就不干。然后，转身跑了出来，到客厅去看动画片了。

　　妈妈收拾完厨房，来到客厅的沙发里坐下，对正在看报纸的爸爸说："都是你的奖励惹的祸，现在他是没有奖励就没有动力，要他帮一下忙也要奖励。"

　　爸爸放下手中的报纸说："孩子还小，需要时间嘛！"

妈妈却不这样认为，她觉得奖励也好，处罚也罢，用得过多过滥等于没有作用，他永远也学不会自我约束，更不会主动去做事情。

吕姐爱心课堂

在现实生活中，奖励和惩罚是最常用的教育方法。虽然有时它的确可以起到立竿见影的教育效果，但不适度地使用反而会适得其反。就像横横一样，没有了奖励就没有了动力。在培养孩子的过程中，爸妈对孩子的奖励和惩罚都要掌握在一定的范围内，而不要随意使用。

生活中不难发现，一个被夸赞和奖励太多的孩子，容易养成以自我为中心、自以为是、耐挫性低、心理素质差等不良的性格和行为。而被批评和惩罚过多的孩子，会呈现出胆小、退缩、自卑、孤僻等人格特征。

蒙台梭利认为："人类的进步都是靠内部的动机，惩罚是一种压制。奖惩的办法只能鼓励儿童从事那种不自然的、被迫的行动，不能促进他们自然发展。"在教育孩子上，她反对采取奖惩的方式，强调儿童的内在力量和主观能动性。儿童的内部需要得到满足后，就会变得沉静，并且继续前进，获得满足和快乐。蒙台梭利不以奖惩来作为管教的方法，却使孩子们达到自我约束的更高层次。它是发自孩子内心的，而不是从外部强迫灌输的。

有些人经常用食物和金钱奖励听话的孩子，或惩罚犯错的孩子站墙角。其实，在孩子的心里，根本不明白自己的行为与食物和墙角有什么联系。他们变得听话，只是为了得到食物或害怕被惩罚，而不是自我控制的举止，他们的自主性被外在的东西取代了。

作为爸妈，有责任为孩子提供一个正常的激励渠道。如果总是以悬赏式的奖励教育孩子，孩子也会对这一刺激产生适应，当适应了之后，奖励就不再起任何作用。反之，一味地惩罚，会使宝宝性格发生变异，成长为"问题儿童"。

一个享有自由并自我约束的人，会追求那些能使他获得激发和鼓励的奖赏，而不在意与他兴趣毫不相干的奖励。实际上，适时的掌声、鼓励的话语、由衷的喝彩都是对宝宝最好的奖励。

蒙氏支招DIY

对于幼小的宝宝来说，赏罚都是无用的，反而容易使他们养成没有奖励就没有动力的坏习惯。经常遭受惩罚的孩子会在性格上有所扭曲。所以，爸妈还是慎用奖惩。爱，才是最有效的教育。

●**精神激励比物质奖励更有效**。当宝宝做了一件好事或是寻求注意、赞许时，爸妈以一个鼓励的眼神一个深情的拥抱或抚摸来对他的每一点进步给予肯定，就能使宝宝高兴大半天。精神激励远比物质奖励更有效，它能使宝宝在收获肯定的同时，还体会到来自爸妈的爱和关注。所以，尽量少用物质奖励，更不要用金钱进行奖励。

●**让宝宝知道做错事的后果**。在不损害宝宝身心健康的前提下，可以适当采用自然后果惩罚法，让他尝尝这种行为带来的后果。如宝宝不好好吃饭，可以把饭菜收起来，让他适当体会一下挨饿的滋味；宝宝毁坏玩具，就不再给他买新的玩具，玩具的缺少会使他体会到毁坏玩具的后果。

●**讲道理胜过处罚**。当宝宝确实出现某种不良的行为时，爸妈可以和宝宝讲清道理，让他懂得某种行为可能带来的后果，而不是教训或处罚他。如宝宝用手推了别的小朋友，要告诉宝宝这是不对的，会伤害小朋友的身体和感情，下次不能再这样做了，并要求他向小朋友道歉，而不是直接训斥和惩罚他。

●**奖励和惩罚要及时**。对宝宝进行奖励或者惩罚一定要及时，由于他们"忘性"比较大，最好是在刚刚做了好事或犯了错误后，立即给予相应的奖惩。时间间隔越长，教育效果就越差。如当宝宝帮妈妈扫地时，要马上表扬宝宝，否则时间一长，宝宝也忘了受表扬的原因。当宝宝出现了不良行为时，同样应立即进行惩罚，使他建立起不良行为与惩罚之间的条件联系，以免不及时的惩罚会让健忘的宝宝困惑，不明白自己到底为什么会受到"不公正待遇"，从而失去教育的作用。

蒙氏小语 ♡

人类的进步都是靠内部的动机，惩罚是一种压制。奖惩的办法只能鼓励儿童从事那种不自然的、被迫的行动，不能促进他们自然发展。儿童的内部需要得到满足后，就会变得沉静，并且继续前进，获得满足和快乐。

虚心认错，更能赢得宝宝的尊重

在宝宝面前有错就改，才能赢得宝宝的信任。他们不喜欢端起架子的家长，不喜欢发号施令的爸妈。

🧒 故事的天空

菱菱的爸爸等在幼儿园的门口，准备接宝贝女儿回家。她一出幼儿园就像欢快的小鸟一样，张着双臂扑向爸爸的怀里。

父女俩亲热了一会儿，正准备回家，突然爸爸觉得嗓子有痰，于是就咳了一下，走到幼儿园门前的花坛旁，把咳出的痰吐在花丛里。

菱菱看到这一幕，一下子噘起了小嘴巴，严肃地批评爸爸："爸爸你怎么随地吐痰？你不是好孩子！"

爸爸听到后，赶紧四下环顾周边的小朋友和家长，好在没有人注意到他们，有些不好意思地忙对女儿说："是爸爸不好，爸爸改正！"

菱菱点点头，表示原谅了爸爸，从自己的小书包里掏出一张纸巾，递到爸爸的手里，说："爸爸，你要是再有痰，就吐到纸里吧！再把纸巾放到垃圾桶里就行了。"

听了孩子的话，爸爸一阵心虚，孩子竟然这么懂事，相比较起来，自己这个当爸爸的可有点儿不合格了。于是，他蹲下身

来，再次向女儿诚恳地道歉："今天爸爸犯了错误，不应该随地吐痰，我接受你的批评，以后吐痰都用纸巾包好，请你监督好不好？"

菱菱满意地笑了，父女俩一路哼着歌向家走去。

吕姐爱心课堂

每个人都会犯错误，大人也不例外，这是在所难免的。关键是错了以后一定要勇于向宝宝承认错误，如果伤害了宝宝，一定要向他道歉，千万不要遮遮掩掩。只有虚心认错，才能赢得宝宝的尊重，也才能引导宝宝在做错事时，虚心地承认和改正自己的错误，从而培养他勇于担当的责任感。

蒙台梭利说："成人不必在孩子面前扮演完美无缺的人，也不必要求自己每件事都做得尽善尽美。相反，我们需要的是审视自己的缺点，虚心接受孩子的观察和公正的批评。"有些爸妈在教育孩子的过程中，明明犯错却不愿在宝宝面前坦白和承认错误。殊不知，这会给宝宝带来极大的危害。不仅容易混淆宝宝的是非观念，使他们养成不能勇于承认错误的坏毛病，还会使亲子关系疏远，甚至导致宝宝不信任爸妈，对爸妈的正确教诲也置之脑后。

坦诚是一种必备的美德，当有了错误时，要及时承认和面对，特别是在小宝宝面前，更应该敞开心扉。切不可因为孩子小，就觉得没必要坦白自己的错误。向宝宝虚心认错，绝不是"没有面子"的体现，而是尊重宝宝、爱护宝宝的表现，更有利于他们的健康成长和爸妈威信的树立。

蒙氏支招DIY

宝宝的言行举止、道德风范与爸妈的影响有着直接关系。勇于承认自己的错误，是一种无言的人格力量，能影响宝宝一生一世。

●**要敢于承认错误**。有了缺点和错误，要敢于向宝宝虚心认错。爸妈是宝宝学习的榜样，他们处处都要模仿爸妈的行为。如果不严格要求自己，坦诚自己的错误行为，宝宝可能就会效仿。大胆向宝宝坦诚认错吧，这非但不会有损爸妈的尊严，反而会使宝宝觉得受到尊重，他便也会以同样的尊重回馈爸妈。

●**用真诚的态度向宝宝认错**。向宝宝认错态度很重要，不能太过于生硬或者轻描淡写，只是一句"对不起"或"我错了"就万事大吉。应该用真诚的态度向宝宝认错，要让宝宝感受到道歉的诚意，这种由心而发的道歉，才能化解矛盾，得到宝宝的谅解和尊重。

●**冤枉了宝宝，要及时道歉**。小孩子的情绪很容易转移，有的爸妈利用宝宝的这个特点，发现错怪宝宝时，就故意用转换话题的方式将宝宝的注意力转移，这容易给宝宝树立"遇到问题就逃避"的榜样。还有的爸妈发现冤枉了宝宝，故意找宝宝以前的错误来掩盖自己的窘迫，这会深深地伤害宝宝，还会使他们学会推诿责任和逃避现实，或者变得性格懦弱。为了宝宝的健康成长，要及时向宝宝道歉，知错能改，对宝宝来说也是一种教育。

●**针对不同年龄的宝宝用不同的道歉方式**。对于年龄小一点儿的宝宝，由于理解能力有限，爸妈不需讲太多道理，只要用一些行动，如表情、手势、做法等，自然地让宝宝知道爸妈在这件事上做错了就可以了。一般来说，宝宝知道这种做法不对，就不会再犯这样的错误。对于年龄稍大些的宝宝来说，爸妈向他们道歉，就必须讲明这件事错误的原因，这也是在间接地教育宝宝。

●**及时地改正错误**。爸妈承认了错误，还一定要及时去改正。如果只做到承认错误，而不去及时改正错误，在宝宝眼里肯定会失分。当向宝宝承认错误后，还要请他来进行监督，随时纠正错误，给宝宝树立起知错就改的好榜样。

蒙氏小语♡

　　每个人都会犯错误。成人不必在孩子面前扮演完美无缺的人，也不必要求自己每件事都做得尽善尽美。相反，我们需要的是审视自己的缺点，虚心接受孩子的观察和公正的批评。

混龄玩耍，更利于宝宝与人相处

让宝宝和不同年龄的孩子玩耍，不仅可以促进彼此能力的提高，学会与人相处，还可以使他们体验到和谐、融洽与爱。

故事的天空

楼下，几个五六岁的孩子在一起嬉戏着，3岁的春春羡慕地站在一旁观看，目光不时追逐着小哥哥小姐姐们，蠢蠢欲动，她好想加入进去，可是又有些犹豫和胆怯。

妈妈鼓励她，说："去吧，和哥哥姐姐一起玩去吧！"

春春嘴里嘟哝着，怯怯地说："我不敢。"

妈妈拉着她的小手，对同一个单元里住着的丽丽说："来，丽丽，带妹妹一起玩！"

丽丽欢天喜地地跑了过来，热情地拉着春春加入到他们的行列，几个大孩子都很友好，春春不再胆怯了，跟在大家身后开心地和他们玩耍着。

自从春春和大孩子一起玩耍后，天天都很开心，只要从幼儿园回来，就等着小哥

哥小姐姐们出来，好和他们一起开开心心地做游戏。

最高兴的还是妈妈，自从和大孩子在一起玩，许多行为不用她教，孩子自己已经从玩伴中学会了，并且还比以前懂事了，知道和爸爸妈妈一起遵守规则。她逢人便讲和年龄不同的孩子玩耍的好处，到处给家长们介绍经验。

吕姐爱心课堂

混龄玩耍也要列入到家庭教育当中去，过去孩子多，大小孩子在一起玩耍是常有的事情，孩子在玩耍中，无形中学到很多技巧和经验。可是，在当今的独生子女时代，孩子没有兄弟姐妹与之交往，很难和其他孩子进行交流，加上来自爸妈的娇纵和过多的保护，造成孩子缺乏交往技能和沟通能力，总是以自我为中心，不懂得忍让。如此一来，孩子便会产生自私、任性、脆弱、独立性差、交往能力弱、依赖性强等不良行为习惯和性格特征，阻碍着孩子的情商与智商的发展。

蒙台梭利主张混龄教育，即把3～6岁年龄不同的孩子编在一个班级里。她认为："混龄教育有利于儿童的交往与合作。把人根据年龄分隔开来是不符合人性的事情，这样会把人与人之间互相学习的关系变成互相竞争的关系。"对于我国的独生子女家庭来说更需要混龄教育，让宝宝与不同年龄的孩子一起玩耍，可以使他们体会到大家庭的爱。在充满爱心和互相关怀的气氛中，他们能够学会独立，不但能服务自己，也能帮助别人，使他们更积极地从集体生活中学习更多的知识。

许多爸妈总是觉得宝宝小，会受到大孩子的欺负。其实，小孩子的天性并不是欺负人，而是喜欢帮助别人。相反，倒是同龄孩子之间，由于心智发育的一致性，更容易发生"战争"。

混龄玩耍的环境与现实社会生活更接近，正如一种自然的"小社会"的组成。宝宝在这里能够很自然地学习如何与强者和弱者相处，接受彼此的差异，并且互相帮助。孩子间的相互影响比爸妈和老师的影响都要大，他们之间存在着一种自然的心理渗透。对于年幼的孩子来说，模仿大龄孩子的一些行为举止，容易掌握方法，是一个主动学习新知识的过程。而年长的孩子与年幼的宝宝一起游戏时，其责任感和榜样作用明显增强，自身能力也不断得到提升，并能养成乐于助人、谦让、自信的好品质。

蒙氏支招DIY

给宝宝找些不同年龄的小朋友一起玩耍，这是他们建立社交的开始。宝宝会从大孩子那里学会许多"技能"，会用自己的爱去关心、帮助比自己更小的孩子。

●**带宝宝见见世面**。爸妈不要把宝宝关在家里，应带宝宝去户外找小朋友多的地方，让宝宝去感受与人交往的环境，鼓励宝宝自然地参与到游戏中去，学会如何与陌生人打交道。

●**为宝宝创造机会**。出门访友，带上宝宝一起去，让他多和亲朋好友或同事家的孩子交往，给宝宝创造混龄玩耍的机会。

●**约朋友一起去郊游**。周末，可以约有孩子的朋友一家去郊游，大家在一起游览、野餐，可以使孩子们有机会一起交流，相互帮助。

●**帮助宝宝约玩伴**。爸妈可以招待宝宝的小伙伴到家里来，当小朋友来家里时要热情欢迎，而且要让孩子认真接待，鼓励他们一起做游戏。爸妈也可参与进来，拉近彼此间的距离。

●**给宝宝自己解决问题的机会**。如果孩子间发生一些小"纠纷"，不要急于帮助他们排解，最好试着让他们自己解决。实在解决不了，再出面予以引导，告诉孩子解决方法。

蒙氏小语♡

　　混龄教育有利于儿童的交往与合作。通常年龄较大的孩子会自发地帮助年龄较小的孩子，特别是当他们意识到自己所做的一切会被年幼的孩子重复时，就会要求自己为年幼者做出积极的、正面的行为示范。而年龄较小者，则能从较大孩子的行为中获得灵感，学习技能。

爸妈私房话

第七章

自然与运动，造就天才的秘密

　　每个父母都希望自己的宝宝聪颖伶俐，才智过人，于是责无旁贷地背负起沉重的教子使命和责任。在痛苦的重压下，不但父母身心疲惫，小宝宝也过早地身陷樊笼，失去了童年的快乐与自由。不妨放手，把孩子交给大自然！蒙台梭利告诉我们："大自然会帮我们安排好一切，我们只需给孩子自由，看着他们健康地成长，做个奇迹的见证者吧！"

自然，可以创造奇迹

孩子必须沉浸在大自然中，感受大自然的力量。这对于孩子的心智发展大有裨益，孩子在天地间呼吸，触摸大自然，他的心灵会与天地万物交融，吸纳天地万物间的灵气和精华，也可以从天地间的生物中直接获取教育的力量。

——蒙台梭利

阅读时间：30 分钟　　受益指数：★★★★★

大自然，赋予孩子成长的力量

所有的生命都源于大自然的恩赐，在大自然的滋养下成长。所以，让宝宝置身于大自然中，他们会受到很好的"照料"，更能茁壮长大。

故事的天空

蕊蕊是一个活泼健康而又深爱大自然的孩子。早在她刚出生不久，妈妈就把她带入大自然中，让她尽情地享受美丽自然的风光。

蕊蕊妈妈总是赶在太阳初升的时刻，就推着婴儿车，把女儿带到郊外的原野上。这里远离闹市，没有过往车辆的喧嚣，更没有有毒尾气的排放。放眼望去，远处的村庄炊烟袅袅，从那里传来的鸡、鸭、鹅、狗等家养动物的叫声令人倍感亲切。

蕊蕊妈妈把只有3个月大的女儿抱在怀里，让她能看得更远些。虽然孩子小，还不能对这一切有明显的感知，但让她置身于这样的环境里，对孩子就有益处。徐徐的微风，清新宜人的空气，远处传来的各种动物的叫声，对宝宝的成长都有着促进作用。红花绿草，白云蓝天，清澈而汩汩流淌的小溪，远处的山峦，无时无刻不在触动宝宝的神经，滋养着她的心灵。

蕊蕊妈妈的这种举动，有人支持，有人反对，但她坚持每天都带孩子来到大自然中。当露水消失，她还把襁褓中的宝宝放到草地上，让草的清香、泥土的芬芳直接沁入孩子的小鼻孔，让她尽情呼吸田野芬芳的气息，好奇又快乐地观察着周围陌生的世界。

当蕊蕊再大些时，能到处走动了，妈妈就带她去小溪边看水中游动的鱼，用小手撩水，让她光着脚丫去踩光滑的河沙。蝴蝶来了，她兴奋地追着；蜻蜓来了，她跳着脚，伸着小手去抓。还时不时趴在草地上看小虫子蠕动，钻在花丛中嗅花蕊的芳香。

总之，蕊蕊生活得十分快乐，无拘无束。但并没有像有些人所担心的那样，疯成了假小子，而是更加有爱心、有礼貌，开朗乐观，比同龄的孩子都要懂事。最重要的是，她的视野开阔了，懂得了许多知识，经常给小朋友们讲有趣的大自然发生的事情。

吕姐爱心课堂

所有的生灵都生活在大自然的怀抱中，是大自然养育了生命。蒙台梭利认为："人属于自然，特别是在孩童时代，人必须从自然中获取必要的力量促进身心的发展，我们与自然界有着天然的联系，自然对我们身体的发育有着显著的影响。而且，正像儿童的身体发育需要大自然的力量一样，儿童的精神生命也需要与天地万物交融，从而可以直接从神奇的大自然造化之中吸取养分。"

与大自然多亲近，利于宝宝健康成长。只有沉浸在大自然中，才能感觉到大自然的力量。孩子在天地间呼吸，触摸大自然，他的心灵会与天地万物密切交融，并汲取其间有益的养分。他会感觉生命更加美好，人类的生命也会更加富有灵性。

大自然永远都是一位无言的好老师，当孩子开始接触大自然，内在的力量就会爆发出来。为了欣赏美丽的风光，为了想知道山那边是什么，他们会不知疲倦地探索。大自然包含着所有的知识密码，就是在科技发达的今大，对大自然的了解也只是窥豹一斑。在大自然里徜徉的孩子，远比闷在城市中的孩子要健康、快乐、知识更广博。孩子生活在远离大自然的地方，只有很少机会能与大自然接触，会使他们的心灵逐渐远离大自然，这不利于孩子的成长。

融入大自然是孩子的天性需要。对孩子来讲，仅仅知道自然是不够的，必须要让他们融入大自然。唯有这样，孩子的天性才能得以尽情展现。蒙台梭利

就曾经说过："当孩子被放在自然的环境里，他会显示出自己的能耐。"

爱孩子，就多带他们到大自然中去吧！大自然的花草树木、鸟鸣虫吟、风霜雪雨都能滋养孩子的心灵，都能开拓孩子的视野，也会让他们更健康、茁壮地成长。

🐻 蒙氏支招DIY

大自然是宜人的，大自然传递给人类的信息数不胜数。融入大自然，更能心旷神怡，更利于宝宝的身心健康。

●**让宝宝沐浴在大自然之中**。经常带宝宝到大自然当中去，让他在户外成长。宝宝困了，就让他在树荫下睡上一觉，在大自然的抚慰下，宝宝会睡得更安稳。当他醒来后，就让他听鸟鸣，看花儿、树叶在微风中摇曳，指引宝宝向远处高低起伏的山峦看，让他说一说山是什么样子。蓝蓝的天，白白的云都能令宝宝心旷神怡。

●**在身边寻找微缩的大自然**。没有经常到大自然去的机会，也可以在小区的花园里让宝宝欣赏花花草草，到公园见识绿树红花，到广场欣赏蓝天白云。这些地方虽然谈不上有什么风景，但对于刚刚开始认识大千世界的小宝宝来说，就是一个很微观的大自然了。这些地方有花草树木、蓝天白云、鸣叫的小鸟、纷飞的蝴蝶蜻蜓，湖中也可以看见荡漾的微波、游动的鱼儿，草丛里有虫子，树根处有蚂蚁在忙碌。这就足够了，只要爸妈引导得好，宝宝也同样能享受到大自然的美丽，受到很好的启发。

●**把大自然带回家**。家中可经常插一些新鲜花束或种植一些绿色植物，养几条金鱼，饲养一只小动物。买回来的蔬菜水果，甚至从外面捡拾的落叶，海边捡到的贝壳、石头，都可以作为大自然的一部分呈现给宝宝。

●**让宝宝去体验大自然**。充分调动宝宝的手、眼、脚和身体，去自由操纵水、土、沙、泥等无固定形状的自然材料，极大地激发他的探索欲望。让宝宝在带着露水的草地上尽情奔跑，光着小脚丫踏进水池中体验水花四溅的快乐，这都会让宝宝近距离地接触大自然，体验到大自然赋予他们的能量。

👦 蒙氏小语 ♡

人属于自然，特别是在孩童时代，人必须从自然中获取必要的力量促进身心的发展。对孩子来讲，仅仅知道自然是不够的，必须要让他们融入大自然。唯有这样，孩子的天性才能得以尽情展现。

拥抱自然，才能收获才智与快乐

知识是在认识世界的过程中一点点积累得来的。让孩子拥抱大自然，他们才能对这个世界认识得更多，理解得更透彻。

故事的天空

车子一驶出市区，6岁的璐璐眼睛就不够使了，看到路边的花丛，便惊呼："好漂亮哦！"当来到农田前，她看见金黄的谷穗，又是一番大喊大叫，兴奋得直在妈妈的怀里打滚儿。

开车的爸爸感慨地说："现在的孩子见识可少多了，见到什么都觉得稀奇。"

妈妈拍着赖在怀里的宝贝女儿说："等到了乡下姑姑家，说不定这孩子就不肯回城里了，那里到处是惊奇在等着她呢。"

果然，当车子停在小山村前的两棵高大的柿子树前时，璐璐顾不上和姑姑亲热，搂着粗糙的树干，扬着脸说："噢，原来好吃的柿子是长在树上的呀！"

璐璐这回可真的长了见识，她很少有走进大自然的机会，这里的一切都令她感到新奇，一路走来，见到什么就问什么，爸爸妈妈成了她的导游。通过游历，璐璐知道了许多植物的名称和作用，亲眼看到小蚂蚁搬家的忙碌场面，认识了许多美丽的小鸟。置身在大自然里，爸爸妈妈也变得顽皮了，一家人在草地上翻滚，在

小溪里打水仗。

姑姑家的院子简直就是一个小型的动物园和植物园。菜园里，有红红的西红柿、尖尖的辣椒、紫得发亮的茄子、绿油油的韭菜，还有豆角、西葫芦、南瓜……真是应有尽有。小动物就更有趣了，猪圈里的老母猪走路摇摇摆摆的，几只小羊咩咩地叫着，狗在人前高兴地撒着欢，猫咪趴在窗台上睡懒觉，鸡、鸭在地上争抢食物。

璐璐动用了所有的感官在看、在听、在摸、在嗅，惬意极了，要多快乐有多快乐。喝的是清冽的山泉水，吃的是喷香的农家饭。真像妈妈说的那样，璐璐有些"乐不思蜀"了！

吕姐爱心课堂

大自然包罗万象，简直就是一本永远也翻不完的立体百科全书。在大自然中，可以培养宝宝的美感、启发宝宝的悟性，又可以使他们的身心得以放松。

蒙台梭利认为："自然教育有助于儿童智慧的增长，儿童在和动植物的接触中能自然地了解动植物的生长规律和特点，获得与大自然有关的知识，同时也锻炼和提高了观察能力。"在与大自然的亲密接触中，孩子们加深了对生命的理解，进一步明白了动植物的生命是从何而来以及如何发展的。

大自然无穷的变化，吸引着富有好奇心的孩子。爸妈有意识地引导宝宝学会观察，就会打开他们向自然求索知识的心扉。大自然对人的身心还有一种无可替代的净化作用，一旦亲密地接触到大自然，整个人的身心都似乎受到了洗涤，甚至能够在自然中得到慰藉，获得心灵的宁静。即使坏脾气的孩子来到优美的自然环境中，都会变得安静、温顺起来。

亲近大自然，可以培养宝宝的很多能力。大自然能够提供丰富多彩的视觉、听觉、嗅觉和触觉刺激，促进宝宝的感观知觉全面发展。在大自然中，宝宝有了运用多种感官的机会，视野开阔了，思维也变得活跃起来。通过在自然中的活动，还可以锻炼宝宝的体格，促进生长发育。在大自然的怀抱中，让宝宝踮起脚尖够一下小树的叶子，去追逐飞舞的彩蝶，蹲下来看看蚂蚁搬家，都会让宝宝在快乐玩耍的同时，体能也得到锻炼。

蒙氏支招DIY

大自然有着丰富的教育资源，能让宝宝视野更开阔，思维更活跃，是帮助宝宝丰富知识、体验情感的好时机。生活在繁忙都市中的爸妈，为了宝宝的健康成长和更好发展，一定要多带宝宝走进大自然。

●**多为宝宝提供拥抱大自然的机会。**在城市中生活的宝宝被钢筋水泥森林包围着，以为这就是世界的全部。许多宝宝很少有接触自然的机会，甚至连一般的农作物都不认识，不知道自己吃的粮食是土地里收获来的，不知道好吃的水果是树上结的果实。为了宝宝全面发展，一定要多给他们提供亲近大自然的机会，到更广阔的天地去认知万千的世界。

●**让宝宝在大自然中尽情玩耍。**宝宝到了大自然中，会感到十分好奇和兴奋，自然会忘乎所以地到处寻幽探奇。他们会跑到草丛中捉昆虫，到小河里捉鱼虾，或者趴在地上观看昆虫活动，弄得满身泥土。爸妈不要用成人的标准来要求宝宝，对他们过多地责备，会影响宝宝探索自然的兴趣，变得缩手缩脚。让宝宝尽情拥抱大自然吧，毕竟，他们的快乐成长要比服饰整洁重要得多。

●**充分利用自然资源。**大自然中，知识无处不在。爸妈要当好导游员和讲解员，充分利用宝宝感兴趣的机会，给他们讲解所看到的事物或现象，耐心解答宝宝的提问，使他们开阔视野，增长知识。捡起石头比比大小，搂搂树木比比粗细，这都可以让宝宝从中掌握到科学的态度与方法。

●**注意宝宝的安全。**宝宝年龄小，安全意识淡薄，自我保护能力差。这就需要爸妈做好安全工作，使宝宝玩得开心，更玩得安心。在出发前可以先给宝宝讲解一些保护性的常识，增强宝宝的防范意识。在游玩过程中，也要时时刻刻注意保护宝宝，以防发生摔伤、动物咬伤、溺水、被带刺的植物扎伤等意外事故。

蒙氏小语 ♡

　　自然教育有助于儿童智慧的增长，儿童在和动植物的接触中能自然地了解动植物的生长规律和特点，获得与大自然有关的知识，同时也锻炼和提高了观察能力。

自然之声的呼唤，让宝宝懂得爱和责任

生命是神奇的，生命与生命之间有着一种天然的亲近。宝宝虽小，爱心却不少，他们懂得去爱护其他更弱小的生命，主动承担责任和义务。

故事的天空

榛榛拥有七株植物和一只可爱的小乌龟。每天他都按时照料这些植物，喂养小乌龟，和小乌龟做游戏。

早晨一睁开眼睛，榛榛先到小鱼缸前看看小乌龟是否醒来，和小乌龟玩上一会儿，然后对小乌龟说："小乌龟呀，你自己玩吧，我还要去浇水。"

阳台上，一字摆开七个花盆，分别种植着向日葵、仙人掌、月季、芦荟、玫瑰、太阳花、菊花。这些植物都是在妈妈的指导下，榛榛自己亲手种植的，现在所有的小苗都在茁壮地成长。

榛榛离开小乌龟，就到卫生间接了一壶水，他提着小塑料喷壶很认真地给每一株植物浇着水，嘴里还絮絮叨叨地说："你们快快地长啊，榛榛天天给你们浇水。"

小家伙忙活了一早晨，认真地照料着自己养的植物和小乌龟。爸妈看在眼里，乐在心上。以前的榛榛可不是这样一个有爱心、有责任心的孩子。见到植物要么用手掐，要么连根拔起扔到一边。对待小动物也不友

善，用小手指捻死蚂蚁，用脚踩爬虫，还踢过邻居家冲他友好摇尾巴的小狗。

爸妈没少给他讲道理，基本上等于是耳边风，依旧我行我素。自从上了幼儿园，老师带他们去大自然中认识世界，回来后他像变了个人似的，竟然要求种植植物和饲养小动物。没想到，他还真坚持下来了，天天不间断地照顾这些植物和小动物，人也变得很有爱心，成了人见人夸的好孩子。

吕姐爱心课堂

孩子是大自然最伟大的自发性观察者，他们的热情是成人无法比拟的。蒙台梭利在借鉴前人的基础上，提出"使儿童的身心与大自然接触的最好途径，是让儿童从事农业劳动，栽培植物、饲养动物"。她也是这样实践的，结果很受孩子们的欢迎，他们会主动并有序地完成各自的任务。

许多爸妈对让宝宝照料动植物不是十分热心，认为小孩子只有三分钟热度，而照料动植物是需要持久力的。其实，在与动植物的接触中，儿童会逐渐懂得动植物的生命有赖于他们的照顾。这些动植物的生命变化会深深地震撼他们，使他们领悟到自己与动植物的密切关系，觉得自己好像就是这些小东西的父母。这种无声的自然之声的召唤比有声的语言更能引起宝宝心灵的触动，所以会义不容辞地担当起照顾它们的责任，精心地给予它们呵护。

让宝宝照料动植物，在增强他们责任感的同时，也锻炼了他们的耐心，增强了他们的信心。在体会到劳动的重要性和必要性的同时，宝宝学会了做人的道理，明白了有付出才会有回报。当他们懂得任何生命都需要关怀和照顾时，自然会对爸妈充满感激之情。

当宝宝认识了多个物种之后，就像结识了许多朋友，他们会更容易理解人与人之间的差别。在想法、行为方式上遭遇和别人的冲突时，也更能宽容地对待别人。可以说，宝宝在自然的帮助下学会了爱。当他们能切切实实地感受到大自然的回报时，会更加热爱大自然，热爱生命的各种表现形式。

蒙氏支招DIY

孩子具有自然天性，这个天性不只局限于生理上的自然属性，心灵也有自然天性。让宝宝通过与真实的自然接触，他们对自然和自然发展的规律会理解得更深刻，并能在其中思考和理解自然，体验生命之美，使心灵得到感化，以激发他们对大自然和人类的热爱。

●**鼓励宝宝饲养小动物**。生命是可贵的，但是孩子们对生命没有直观的认识。为此，爸妈应鼓励宝宝饲养小动物，通过让宝宝饲养小动物。可以培养孩子的爱心，理解生命的可贵，明白动物是人类的好朋友。孩子小，所饲养的小动物也不宜过大。一般来说，金鱼、小龟、小蝌蚪、蚕宝宝等安静、易养的小动物比较合适。这样，孩子能方便照顾，便于和小动物建立起亲密的关系。

●**开辟一块种植园地**。有平地条件的家庭，可以为宝宝开辟一块种植园地。居住楼房的家庭，不妨在阳台上为宝宝开辟一块地方。让宝宝当个小园丁，可以让他们从中学习到许多植物知识，真实地感受到大自然。

●**带宝宝参加农业劳动**。让宝宝目睹或亲自参与农业劳动，能让他们亲近田地，锻炼他们的体魄与意志，体会农民的艰辛，知道粮食的来之不易。可在假日期间举家到离家不远的乡间农村，让宝宝认识日常随处可见的动植物。如苹果是长在树上的，西瓜是有藤蔓的。带宝宝割草去喂小羊，到菜园里采摘各种蔬菜。收获季节可以和宝宝一起去捡拾麦穗，用工具挖掘地里的红薯或土豆。

●**让宝宝亲手种植一棵纪念树**。阳春三月，带宝宝到野外去参加集体植树活动，让宝宝亲手栽种一棵树，让他知道森林是大自然的氧吧，人人种植一棵树，就能改善我们日益恶化的环境。

蒙氏小语♡

在与动植物的接触中，儿童会逐渐懂得动植物的生命有赖于他们的照顾。这些动植物的生命变化会深深地震撼他们，使他们领悟到自己与动植物的密切关系。这种来自大自然本身的召唤，更能激起孩子真挚的情感，这是任何外在的鼓励和表扬所激起的情感都不能比拟的。

运动，打造健康聪明的宝宝

儿童是通过运动来发展大脑的。运动帮助大脑发育，发育后的大脑对运动又起帮助作用。这是一个循环过程。因为大脑和运动都是同一个体的两个部分。感觉器官活动少的儿童，其心理素质也往往会处于一个很差的水平。

——蒙台梭利

阅读时间：<u>25</u>分钟　　　　受益指数：★★★★★

运动，可以使孩子养心又健脑

生命在于运动，智力也是需要运动来激发的，大脑指挥肢体，肢体又促进了大脑的发展。让宝宝动起来，才能为他们的身心健康提供可靠保证，使其智力得以促进和提升。

故事的天空

5岁的楠楠爱动是出了名的，早上起来，他就开始在院子里跑跑跳跳，接下来的一整大，也基本上都是在运动中度过。

妈妈曾以为这孩子患上了多动症，为此还去看过医生。经过一番检查测试后，结果是一切正常。医生说孩子爱动是好事，运动中孩子才能增强体质，发展心智。

从那以后，爸妈就开始有意识地引导孩子去运动。爸爸散步时，把他带在身边，边走边给楠楠讲见到的景物和途中发生的事情。楠楠的眼睛当然也在四处乱看，见到什么就问什么，爸爸耐着性子给他做着讲解。

别看楠楠只有5岁，在和妈妈玩扔沙包时，竟然懂得如何避让，不被沙包砸中，小眼睛先是盯着妈妈的手，见她沙包一出手，就判断出所投的方向，及时躲开，很少有"中弹"的时候。在他开始反击时，"声东击西"是他常用的把戏，先是眼睛故意往妈妈左边看，然后突然向右边投去，妈妈多半判断失误，被儿子砸中。小家伙开心地哈哈大笑，庆贺着自己的小把戏成功了。

爸妈和楠楠一起进行的各种运动项目，既带有娱乐性，又带有益智性。如端着水盆跑S线，锻炼孩子的身体灵活性、平衡感。还有摘果果游戏，在小树上挂着折纸葫芦，上边都写着他认识的字，妈妈说出一个字，楠楠就要第一时间准确摘到。这些游戏让楠楠十分开心，既益智，又锻炼了身体，一举两得。

🙂 吕姐爱心课堂

在生活中，许多爸妈为了开发宝宝的智力，教他们识字、背诗、数数、加减法，却把运动排除在外，认为运动只能使人"头脑简单，四肢发达"。其实，这是一种对智力发展理解的误区。智力不仅仅包括认知反应的特性，还包括能有效地处理问题、快速成功地适应新环境的能力。运动除了能使宝宝身体强健、四肢发达，还能丰富宝宝的头脑，让大脑更聪明。

在宝宝生命最初的几年里，运动与智力是相互作用的关系。因为人的运动、动作是受大脑皮层支配的。人体各部位在大脑皮层都有相应的运动中枢，宝宝加强运动，能刺激相应的大脑皮层，能使它更活跃、更精确地支配、指导运动和动作的发展。所以，运动与大脑的发育从部位和时间上来看是密切相关的。宝宝的早期运动经验越丰富，对于正在发育中的大脑就越能起到良好的刺激作用。

蒙台梭利通过研究也发现："儿童是通过运动来发展大脑的。运动帮助大脑发育，发育后的大脑对运动又起到帮助和促进作用。感觉器官活动少的儿童会处于一个很低的心理水平。"孩子通过运动发展大脑，发育后的大脑又帮助其更精确地运动，这是一个循环过程。灵活有力的肢体运动能力和矫健敏捷的身姿，能使宝宝获得自信心和自豪感，这还为宝宝的心理发展奠定了良好的基础。如果没有运动，身心的健康与发展是不可能实现的。

运动可以丰富宝宝的感觉和知觉，这是他们探索世界和抽象思维

的基础。运动还影响着宝宝的自我认识和评价，使他们对自己与他人、自己与环境之间的关系理解得更加透彻。运动是大脑智力活动的最终表达，无论是说话、写字，还是对事物做任何处理，人的意志都是通过肢体运动来表达的。也就是说，孩子的成长离不开从事各种活动，他们的发展既依靠心理的因素，也依靠身体的因素。

🐻 蒙氏支招DIY

运动智能不仅是宝宝最先得到发展的能力，而且将为宝宝的其他智能的发展奠定坚实的基础。运动有利于宝宝的成长，但是要注意科学地运动，根据宝宝的不同年龄段来选择适合宝宝的运动。

●0～3个月的运动。这个时期的宝宝最好的运动就是放松，不要捆绑孩子的手脚，让他们在温暖安全的环境中自由活动。

●3～8个月的运动。这个阶段宝宝能翻身和爬行了，要给他们开辟出足够大的场地，便于他们练习翻滚、爬行。爬行对宝宝走路及智力发育有着重大作用，爸妈不要怕宝宝弄脏衣服或发生危险而限制他们，应多为宝宝创造爬行机会。

●8～18个月的运动。宝宝已经能站立和走路了，这可能是爸妈感到最累的一个阶段，这期间要协助宝宝练习行走。对走路充满兴趣的宝宝会乐此不疲地重复练习，不过只要孩子愿意，那就让他去走好了。当然，爸妈也不可放松警惕，要随时做好安全保障工作。

●18个月～3岁的运动。这个时期是宝宝的运动技能学习期，这时宝宝身体各部分动作已比较协调，平衡性和准确性也已经很好了。爸妈要鼓励宝宝进行单脚跳、跨越障碍物、接球、踢球等运动，多带宝宝到户外，让他们在自然环境中自由活动。并创造条件，满足宝宝手的探索活动，可以练习画圆、穿珠子、剪纸、折纸、系纽扣等精细动作。

●3～4岁的运动。这个时期的宝宝正是喜欢模仿的年龄，能够不厌其烦地重复同一动作，他们不怕失败，也不怕被别人笑话。只要对其加以指导和训练，宝宝可以获得许多动作技能，摆放碗筷、折叠衣服、擦桌子等都能胜任，这是发展身体运动智能的最佳时期。

●4～6岁的运动。宝宝身体的各个系统已基本完善，这个时期是系统整合、动作协调一致发展的阶段。跑步、骑自行车、爬山、打羽毛球等都适合这个阶段的宝宝。另外，可增加力量练习的内容，引导宝宝学习一些基本的生存技能，如游泳、攀岩、种植、养殖、建筑、制陶等。爸妈还要为宝宝做出表率，现身说法，用实际行动来感染宝宝养成良好的运动习惯。

儿童是通过运动来发展大脑的。运动帮助大脑发育，发育后的大脑对运动又起到帮助和促进作用。感觉器官活动少的儿童会处于一个很低的心理水平。也就是说，运动不仅使儿童身体更强壮，对心理和智力的发展也有着极大的促进作用。

爸 妈 私 房 话

随心而动，让宝宝自发运动别强迫

　　宝宝的运动只有出于自愿，才更能促进身心发展。爸妈无须一厢情愿地去强迫宝宝，要求他做自己不愿意做的运动。

故事的天空

　　7个月的波波已经会爬了，小家伙十分热衷于爬，过去他只能看的地方，这回可以爬到近处去"研究"了。

　　妈妈觉得他这样爬来爬去不卫生，还容易出危险，不如直接学走路省事。反正爬完后还是要学走路的。于是拉着波波的小手，让他学走路。

　　胆小的波波站立都不稳当，更不敢向前迈步了，在妈妈的牵引胁迫下，他胆战心惊地被动地向前迈着步。妈妈觉得他能自己走路了，将他放在小茶几旁，让他自己手扶茶几走几步。就在妈妈撒手之际，他赶紧一屁股坐在地上，身子一个前屈，立即手脚着地，飞快地爬了起来。

　　妈妈在后边追着，想把他抓住要他学走路，没想到他爬得飞快，竟然钻到床下不肯出来。任凭妈妈怎么叫他，就是不应声。

　　妈妈想：明天该去买个学步车了，把你放到里边想出来都没门儿，看你学不学走路！

在现实生活中，像波波妈妈这样的人不在少数。他们总是从自己的角度考虑孩子，不按照孩子本身发展的内在规律办事。这种强迫孩子，通过人为训练来加速孩子成长的方法，无疑是在揠苗助长，不利于孩子的身心发展。

蒙台梭利告诉我们："肢体运动应该发自儿童内在的意愿，且应由儿童内在的生命来安排。除非儿童按照自己的意愿活动，否则他们的肌肉就不可能得到正常的发展，因为身体活动本身就是他们自我意愿的表达。我们只能静等儿童自身的内在生命来加以安排。"

只有宝宝自发运动才能表达自己的意愿，才能促进身心发展。宝宝的大肌肉运动发展有一个由自发性到自主性的过程。自发性是宝宝身体发育到一定程度对运动的自然需要，这时给予宝宝必要的环境和条件，能帮助和促进他们更好地发展。而在宝宝身体机能尚未发育成熟之前，要耐心地等待，不要违背宝宝运动发展的自然规律，不要违背宝宝运动发展的内在"时间表"。

宝宝的运动发展是有自然规律的，一般来说，3个月时会俯卧，能用手臂撑住抬头，4~6个月会翻身，7~8个月会坐会爬，1岁左右会站立或独立行走。在宝宝发展的每个阶段，他们自然会主动积极地根据肌体的内在需求去努力。而心急的爸妈总是爱在不到坐的阶段，强迫宝宝去坐，或是让宝宝越过"爬"的阶段，直接学走路。这种"跨越式的发展"，不但不能让宝宝很好地完成动作，还会对宝宝身体造成伤害，无疑是对宝宝的摧残。

宝宝有自身的发展规律，揠苗助长的事不能做。爸妈应尊重宝宝，让他们按照自己的意愿，在内在生命的驱使下自由活动。

●**尊重宝宝成长的规律。**宝宝的运动发展有一定的内在规律，但由于个体存在差异，每个宝宝的运动机制也不尽相同。有的宝宝10个月就学会了走路，而有的1岁多了还不敢迈步。爸妈要尊重宝宝成长规律，不能做出违背自然规律的事情。应耐下心来，等待宝宝按照自己的意愿自然而然地运动。

●**不要阻止宝宝的动作。**宝宝的身体有其年龄段的特征和比例，他们向后弯腰、向前踢腿、快速爬行、到处走动，都是为了适应某阶段的生理需求。不要强迫宝宝去改变自己的这些自然表现，不让他们下地走、不让伸腿、不许登高等，会阻碍宝宝的发展进程。爸妈不必担心会累着宝宝，一般来说，在不被强迫情况下的运动都不会累到他们，如果累了他们自然就会停下来。

●**把决定权交给宝宝。**宝宝有自己的选择与判断，他们觉得自己有能力参与某个游戏，能从游戏中获得乐趣，才会积极参与。当他们没有把握时，就没有兴趣参加。爸妈不要按照成人的要求去催促宝宝做他们不愿意做的事情，而是要尊重他们的选择，把决定权交给宝宝。

●**为宝宝提供适宜的运动条件。**宝宝的自发运动离不开必要的环境和条件，如宝宝想捏泥人，没有橡皮泥是不行的；宝宝想拍球，没有皮球也玩儿不成；宝宝想爬高，没有攀登架就无法实现自己的愿望。要想让宝宝乐于运动，就要为他创设适宜的运动环境和条件，来引导激发他的运动兴趣。不同的运动方式发展不同的感官，提供不同的经验。爸妈要为宝宝准备各种条件，供宝宝去实践。最好把材料摆在矮架上，这样宝宝能够轻易地拿到它们。否则，宝宝即使产生兴趣，也无法实现。

蒙氏小语 ♡

肢体运动应该发自儿童内在的意愿，且应由儿童内在的生命来安排。除非儿童按照自己的意愿活动，否则他们的肌肉就不可能得到正常的发展，因为身体活动本身就是他们自我意愿的表达。

与之同行，要符合孩子的运动节奏

宝宝出行的目的和成人不同，他们没有目标，只要感兴趣，随处都是他们停留和驻足的地方。陪同宝宝出门，不符合他们的行动节奏，很难达到让他们长见识的预期。

故事的天空

晚饭后，2岁的强强和爸爸一起去散步。走着走着，也许是有什么小东西吸引了他，索性停下脚步，蹲在地上专心致志地观察起来。已经走出几步的爸爸，见孩子没有跟上来，站在那里喊了强强几声，催促着他快走。

强强似乎没有听见，依旧饶有兴趣地蹲在那里。爸爸有些生气了，快步走回来，拉起他的小手就走。强强恋恋不舍地边走边回头看着，要不是爸爸强行拉着自己的小手，他准会跑回去。

同样是出门，妈妈的做法就不一样了。妈妈总是由着孩子的兴趣，或走，或停，从来不催促强强。有一次强强对停在路边的一辆三轮垃圾车产生了兴趣，停在那里这看看，那摸摸，尽管车里的生活垃圾散发出呛人的气味，妈妈也没有阻止他。直到强强发现了新目标，她才跟随着孩子向别处走去。

强强十分愿意和妈妈一起出门，只要和妈妈在一起，他心情

就特别舒畅，自己想干什么就干什么。

吕姐爱心课堂

宝宝有他们的运动节奏，许多爸妈总是按照成人的运动节奏来要求孩子，这是不科学的，也是不人道的。

由于宝宝身心发育尚不完善，他们的运动节奏与成人有着极大差异。在与宝宝一起行动时，应该尊重他们的运动节奏，而不是要宝宝适应成人的节奏。在自然界里连动物都知道这样做。当一头小象刚被母象带到象群里时，那些大象便会主动放慢自己的步伐以适应小象的步调，小象因疲劳而停下来时，它们也会跟着一起停下脚步。

现实生活中，爸妈却很难做到适应孩子的节奏。当看到宝宝慢吞吞地走路，在楼梯上笨拙地爬上爬下，缓慢地系鞋带，无效率地穿衣服……爸妈会无意识地阻挠宝宝进行这种自然而然的、缓慢和不慌不忙的活动，要么不停催促，要么包办代替。殊不知，这会破坏宝宝内在的节奏感，使他们产生挫败感，失去努力的热情，从而会导致宝宝产生依赖心理，什么也不想做，什么也不愿意去尝试，成了地地道道的"小懒虫"。

蒙台梭利总结道："照顾儿童时，成人应该遵循一种方式，即放弃自己的优势，以便适应成长中的儿童的需要。"所以，不要以成人的节奏和所谓的"效率"来要求宝宝，让他们按照自己的节奏行动。孩子慢，不是效率的问题，而是他们成长过程中必须经历的阶段，他们是在探索这个世界，所以不必担心宝宝养成拖拉懒散的坏毛病。

和宝宝在一起时，应尊重和适应他们的运动节奏和步调。宝宝边走边看，是在观察这个世界。宝宝停下来，是发现了他们感兴趣的东西。他们出门的目的就是游游逛逛，他们不知道妈妈的目标是公园，走路是为了尽快到公园。对于宝宝来说，一路都有好风景，都值得去观察、去研究。宝宝以其特有的步调感知世界，爸妈一定要适应他们的运动节奏。

蒙氏支招DIY

每个人的运动节奏不同，尤其是成长中的宝宝。身心发育的不完善使得他们很难与爸妈的节奏合拍。在日常生活中，爸妈要做个有心人，观察宝宝的一举一动，多尊重和理解他们，让宝宝按照自己的节奏来行动。

●**配合宝宝的运动节奏**。每个宝宝都有自己的步调和节奏，爸妈要放弃自己的优势，并充分配合宝宝的节奏。当宝宝在楼梯上缓慢地爬上爬下时，当宝宝不慌不忙地边走边看时，不要催促和打扰他们，静静地站在宝宝身边，或跟随着宝宝走走停停，这都是在帮助他们成长。

● **别把"高效"节奏强加给宝宝。** 宝宝动作慢，甚至显得笨拙，爸妈不要去帮忙或阻止，让他们按照自己的节奏去行动。如果把成人的节奏强加给宝宝，会使宝宝难以完成，并影响他们的情绪和心理，不利于宝宝的身心发展和成长。

● **了解宝宝的发育进程和需求。** 爸妈只有了解宝宝在不同时期的发育状况和内在需求，才能理解和宽容宝宝的运动节奏。这样，当宝宝热衷于爬楼梯时，当宝宝对地上的小水洼或对带"坡"的地方感兴趣时，爸妈才不会因为宝宝反复地去感知而阻止他们探索。

蒙氏小语♡

儿童以其特有的步调感知世界，获得特有的节奏已成为他们人格的一部分。照顾儿童时，成人应该遵循一种方式，即放弃自己的优势，以便适应成长中的儿童的需要。

第八章

性格与能力，
成就宝宝璀璨未来

　　拥有良好的性格和高超的能力，才能让宝宝在未来的生活中更轻松、更快乐。蒙台梭利认为，0～6岁是儿童性格塑造和能力培养的最佳阶段，是大自然为其发展奠定基础的时期。父母要充分了解孩子的天性，并及时给予恰当的引导和帮助，以使他们拥有一个快乐的童年，顺利成长为参天巨树。

性格，自然的渐进累积

性格的发展有其阶段性，虽然每个阶段都与其他阶段具有很大的差异，但每一阶段又都为下一阶段打下基础。若想在下一阶段发展正常，就需要上一个阶段发展良好。拥有现在，才能创造未来。在一个阶段中个体的需求获得的满足越多，下一阶段就会发展得越好。

——蒙台梭利

阅读时间：25 分钟　　　　受益指数：★★★

宽养，给宝宝一个好性格

对于宝宝来说，过于拘束的生活很不如意，也难以养成良好的性格。

故事的天空

5岁的涵涵虽说是个男孩子，可胆子却很小。爸爸说男子汉嘛，应该有勇有谋。为了让孩子练胆儿，全家人决定去郊游，让孩子到大自然中去见识一番。

秋天的大自然是成熟而美丽的，一家人走进山坳里，爸爸坐在小溪边钓鱼，妈妈手拿一本书跟在涵涵身边，她怕儿子在这到处是石块、陡坡的地方出危险。

涵涵不住地看着满山的红叶，就在前边几米远的小山坡上，有一棵酸枣树吸引了他，小家伙喜欢酸枣那酸酸甜甜的味道。于是沿着曲折不平的山路，手脚并用地爬到酸枣树下，伸出手打算摘酸枣。

妈妈被书中的一段文字所吸引，没有注意到涵涵离开，下意识地抬头看了一眼，发现孩子不在眼前，大吃一惊，赶紧四处察看。此时，涵涵正准备摘酸枣，妈妈大叫："危险，不要动。"

涵涵像被定了格，一下不敢动。

妈妈赶紧跑过去，说："爬那么高干什么，赶紧下来。"

涵涵低头看了一眼脚下，有些害怕地说："我不敢！"

其实，这个小山坡比较平缓，慢慢退回来是没有问题的。可被妈妈这一喊，涵涵一步也不敢动了。酸枣就在眼前，伸手就能摘到，由于担心脚下不稳，连伸出去的手也不敢收回。

妈妈把涵涵抱到平地上，叮嘱他不要乱动，又看起了书。涵涵安静地坐了一会儿，发现脚下有一截儿枯树枝很好玩，便顺手捡了起来，当成古松宝剑舞动着。妈妈赶紧制止，说树枝脏，有虫子爬过。涵涵只好放弃手中的"宝剑"，看着远处发呆。

爸爸有钓鱼的乐趣，妈妈有看书的乐趣，涵涵却没有了乐趣，只是漫无目的地四处张望着，在妈妈的监视下，他没有练胆儿的机会。

🧑 吕姐爱心课堂

性格决定一个人的命运，而性格是在童年时代形成的。俗话说，三岁看老，就是指性格而言。

蒙台梭利将性格的发展分为三个阶段：0～6岁、6～12岁、12～18岁。0～6岁是第一阶段，这是一个创造性阶段。在这个阶段里，外界的影响是非常大的。如果他们在形成性格的初始阶段受到人为的干扰和影响，就有可能定型为某种性格。也就是说，宝宝出生后2～3年内所受到的影响可能会改变他的一生。在这一期间，宝宝如果受到伤害、暴力或者其他障碍，其个性就会发生偏离。如果他能够自由发展，他的性格就会正常。

蒙台梭利说："性格形成靠儿童自己，儿童的性格不是成年人教出来的，也不是我们强制儿童形成的，我们能做的就是科学地进行教育，让儿童能够不受打扰和阻碍，并有效地完成这一过程。"有些爸妈也许不是刻意去影响孩子的性格发展，而是出于保护孩子，经常阻止他们去做一些事情。正如涵涵那样，总是这也不能做，那也不让做，结果变得胆小起来。这不是孩

子的本意，而是爸妈长期的错误干扰所致。如果爸妈鼓励宝宝去自由探索，给他创设宽松的环境，相信涵涵就会像一个男子汉一样，果敢、阳光起来。

性格的发展不取决于说教而取决于自然规律，只有在自由有序的环境中，宝宝的性格才能得到很好的发展。孩子做事没有规律，是因为曾经有人随意地强制他们有规律地做事；孩子懒惰，是因为他们曾经被强制去做某些事情；孩子不听话，是因为以前他们曾经被强制听话。这都是影响他们性格的原因。

宝宝是敏感的，对于成人的指令很少违抗。许多爸妈错误地认为，必须对他们施以严格的教育，才能帮他们形成良好的性格。而所谓的教育，即是说一些命令式的话语或过多地干涉和打扰，结果禁锢了孩子探索的脚步，成为他们性格形成中的阻碍，从而影响了性格的自然形成和发展。要想拥有一个好性格的宝宝，爸妈不妨放宽心态，让他们在宽松、自由的氛围中自然而然地发挥成长的最大潜能。

🐻 蒙氏支招DIY

宝宝性格的形成是靠自己去努力实现的，大自然赋予了他们通过"工作"发展自己的能力。所以，对宝宝不要过多地干涉，让他们在宽松的环境下学习，才能更好地完成性格的发展。

●**良好的生活方式**。若想让宝宝有一个健全的性格，爸妈要有健康的饮食习惯，多运动，戒除不良嗜好，给宝宝一个良好的家庭氛围，这不仅仅对宝宝身体的健康有益，对性格的形成同样有着深远的影响。不要结交烟友、酒友、麻友，以免给宝宝带来负面影响，不利于他们良好性格的形成。

●**创设宽松自由的环境**。良好的环境是宝宝性格形成的土壤。在这个环境中，他们有可操作的东西，能根据自己的意愿选择适合自己的事情，能随意拿取摆放物品，在没有成人的阻碍和干涉下，自然而然地形成性格，显示自己的力量。

●**多关注少阻碍**。宝宝正在做事情时，爸妈尽量不要去打扰他们，他们自己会不断总结经验，找出解决问题的办法。当他能自己活动时，只需多多关注，无须将所有的事情都替他代劳。唯有如此，才是在宝宝性格形成的路途中给予他们真正的帮助。

●**简单粗暴的教育方式要不得**。空洞的说教和简单的约束对宝宝于事无补，他们对事物的认识没有直观的经验，是无法真正理解说教的含义的。任何对宝宝的威胁、利诱同样起不到作用，反而会影响他们正常健康的发展。打骂孩子，他就学会了粗暴；欺骗孩子，就会让他们学会不讲信用。

蒙氏小语 ♡

　　性格形成靠儿童自己，儿童的性格不是成年人教出来的，也不是我们强制儿童形成的，我们能做的就是科学地进行教育，让儿童能够不受打扰和阻碍，并有效地完成这一过程。

爸 妈 私 房 话

忘情"工作"——让偏离的性格回到正轨

当宝宝投入到"工作"中去，他的注意力就被"工作"所吸引，没有时间去做"邪门歪道"的事情，偏离的性格也容易被矫正。

故事的天空

4岁的航航不仅是一个天生的小大胆儿，还是一个破坏狂。他爬到沙发靠背上练胆儿，把石英钟玻璃敲碎，用手指去拨指针。在家中如此，到了外边同样是一个淘气小子。

星期天，爸妈决定带他去郊游，让他在大自然中观花望景，收敛收敛野性。小家伙来到大自然中，非但没有收敛野性，反而更助长了他的淘气行为。

在小河边，他折柳枝当鞭子耍，见到蚂蚁用手指捻，用小石子抛打在草地上觅食的小鸟。

正当爸妈拿他没办法时，恰巧航航妈妈的一个老同学杨艳也带着孩子来郊游，说到教育孩子的问题上，航航妈妈诉了一大堆的苦。

杨艳听后分析道，航航精力旺盛是一件好事，他之所以到处搞破坏，还是与爸妈的引导有极大的关系。其实，只要让他投入到自己感兴趣的事情中去，就能让偏离的性格回归到正常轨道上来。

此时，航航正光着小脚丫站在河边的沙滩上，对脚下的沙子产生

了兴趣。杨艳过去和蔼地说大家一起堆沙雕吧，小家伙欣然应允。就这样，在杨艳的指导下，两个孩子共同参与，在河滩上筑起了"长城"。两个多小时过去了，航航还兴致勃勃地搞起了他的沙雕艺术，不仅筑起了"长城"，还建筑了一个高高的"炮台"。

航航爸妈欣慰地笑了，看来，孩子的没有耐性、爱搞破坏，是他没有投入到自己喜爱的事情中去。看，现在想让他停下来都难。

吕姐爱心课堂

航航妈妈的苦恼具有普遍性，许多孩子都有这样那样的性格缺陷，如自私、嫉妒、抢占他人东西、无法集中注意力，或者自卑、胆小、依赖、撒谎，等等。

其实，孩子的先天禀赋虽然有所差别，但没有太大的不同，他们身上之所以会出现一些不正常现象，基本都出于同一个原因，那就是爸妈没有重视孩子的心理需要造成的。

可以说，孩子性格上的缺陷是由于成人的一些错误做法导致。在现实生活当中，爸妈出于教育的目的，过多地干涉、批评、指责或包办替代、不给他们自己做事的机会等。在这样一个环境中，孩子无法实现他本能的发展计划，更无法在成长的过程中发挥他潜在的能量，因此造成各种各样的性格缺陷，导致孩子的心灵偏离正轨。

孩子在0~3岁形成的性格缺陷，如不能得以改正，就会一直保留下来，而且影响越来越大。等到6岁时，孩子身上仍然会存在3岁以前造成的人格偏离，这会影响孩子心理和智力的发育，还会直接导致日后性格的缺陷。

爸妈要尽可能地帮助宝宝将偏离的性格拉回到正轨，如果在3岁之前没有及时纠正宝宝的性格缺陷，在3~6岁期间，还可以进行补救。只要爸妈给予正确的引导，孩子偏离的性格就一定能够回归。

蒙台梭利在不断实践中发现，孩子的性格能通过"工作"恢复到正常状态。孩子的正常发展，来源于专注地进行某项工作，而心理偏离正轨的症状，只有在人的各种机能协同工作，为"人"这一整体服务的过程中才能得以纠正。因为当孩子被自由有序的环境所吸引时，就会产生进行创造性活动的动力与激情，这种激情会给他们带来无穷的力量，使所有已经发展起来的能力结合到一起。久而久之，孩子偏离的性格就会回到正轨，性格也会逐渐趋于稳定。

蒙氏支招DIY

要想使孩子的性格缺陷得以纠正，最主要的方法就是让孩子做自己喜欢做的事情，通过集中注意力使孩子的心理得到发展，运动协调性得到提高，并最终使孩子

第八章

性格与能力，成就宝宝璀璨未来

217

的缺陷得到治疗。这是由内在的力量引导完成，爸妈只要提供适合的环境和条件就可以了。

●**为宝宝提供做事的环境**。宝宝只要生活在能够令他们感兴趣的环境里，就能产生做事的动力和激情。为此，爸妈要为宝宝提供一个能够让他们做各种事情的环境，根据自己的需要，选择自己要做的事情。

●**必要的工具和材料不可少**。为了引起宝宝做事的兴趣，要有目的地向他们提供一些所需要的用具，来满足他们的兴趣，使他们的注意力有所指向。如果孩子只是在无目的地做事情，而不能做到集中注意力，他们的性格缺陷就难以弥补。

●**给宝宝找几个小伙伴**。现在是独生子女时代，不要把宝宝关在家里一个人独处，要给他们提供和其他小伙伴一起玩耍的机会，让他体验社会生活的氛围，并从中激发参与的热情，有利于性格的矫正。

●**给宝宝矫正的时间**。性格的矫正需要有一个长期的磨合锻炼过程，所以爸妈要有耐心，长期给宝宝提供一个良好的环境，以免刚刚矫正的性格缺陷又回到原来状态。

●**自由不是放纵**。爸妈一定要掌握一个基本度，给宝宝自由不是让他为所欲为，想做任何他们想做的事情，不管对与错。这样的自由要不得，会使宝宝的性格更加偏离正轨。出现性格偏差的孩子以前多是父母管制过多，一旦他们获得了这种不当的自由，他们便会努力发泄自己，这种自由只是对压迫的一种反抗。爸妈要做的是"适度地放纵"，而不是撒手不管。对孩子出现的偏离要及时纠正，保护好孩子身心健康的正常发展。

蒙氏小语 ♡

　　如果儿童能够决定自己应该做的事情，并以此来完善自己的个性，那么一切都会正常，不会出现任何问题。即使他们曾经有什么问题，现在也会不复存在。

我本善良——鼓励宝宝关爱、帮助弱者的天性

人性从骨子里都是善良的，爸妈要鼓励宝宝扶弱扬善，从小培养他们的同情心和爱心。

🧒 故事的天空

4岁的雯雯和妈妈一起上街，当她们走到一处比较偏僻的小树林旁时，发现有几个大男孩儿正在兴奋地大喊大叫着，他们在用脚踢着什么取乐。

好奇的雯雯停住了脚步，几个男孩儿把脚下的东西从树林里踢到了便道上，雯雯看清楚了，他们脚下并不是皮球，而是一只奄奄一息的小鸡。雯雯立即冲上前去，护住小鸡，大声地斥责道："你们为什么要踢它？"

几个兴高采烈的男孩儿止住脚步，也许是被雯雯愤怒的眼神镇住了，也许是看到了雯雯身后的妈妈，相互看了一眼，便四散跑开了。

地上的小鸡伤得很重，站都站不起来了，只能瘫在地上喘息着，翅膀处还有鲜血在流出。雯雯摇着妈妈的手说："小鸡多可怜啊，咱们收养它吧？"征得妈妈同意，雯雯赶紧掏出小手帕，把小鸡包起来，抱在怀中回家去了。

在妈妈的指导下，雯雯用水帮助小鸡清创，放在一个纸箱里让小鸡好好休息。每天，她都及时给小鸡喂水、喂食，还蹲在地上和小鸡

说话，抚慰它。经过雯雯的精心照料，小鸡的伤很快就好了，现在它和雯雯成了好伙伴，每天都和雯雯叽叽喳喳地说话呢！

吕姐爱心课堂

人之初，性本善。宝宝天生都有一种关心他人的渴望，正是这种本能的满足感赋予其快乐。这种本能能够促进宝宝身心发展，使他们拥有一颗善良之心。

蒙台梭利教育的精髓就是让孩子能成为一个具有爱心的人，而一个具有爱心的人需要从小来培养。孩子天性善良，他们的行为体现出真正的人性。面对智力、体力不如自己的同伴，孩子们非常乐意帮助他们解决问题，且以此为荣。而有些成人却好像正相反，他们鄙视弱者，瞧不起不如自己的人。蒙台梭利说："如果我们能够用平和的心态，客观地、耐心地观察儿童的行为，就会发现，他们才是掌握了人性的真谛，只有他们才是按照自然的规律来做事。"

是的，孩子们的行为透露出许多真性情。发现别人表现出痛苦的时候，他们会感到不安和难过，会用各种手段去帮助和安慰有困难的、受伤的人，如用语言、动作、笑脸等方式。宝宝会对跌倒的小朋友说不要哭，会把自己好吃的东西分给伤心的小伙伴，会邀请闷闷不乐的小朋友一起来参加游戏。他们没有嫉妒心，当看到比自己有能力的小伙伴时，他们会由衷地表示赞赏，本能地给予他们热情的表扬。

真善美，是做人的基本准则。爸妈对宝宝表现出来的这种朴素情感，要给予及时的鼓励和引导，使宝宝懂得什么是爱，什么是恨。该如何去爱，如何去化解恨。

蒙氏支招DIY

培养宝宝的善良品质，是培养其他良好情操的基础。若想宝宝未来能成为一个拥有爱心，对社会有用、品德高尚的人，爸妈必须重视从小培养他们善良的品性。

●**鼓励宝宝对别人的同情之心**。允许和鼓励宝宝表达对别人的同情和关爱，当宝宝显现同情心时，要及时鼓励和支持宝宝，而不应出言讥讽他。

●**不要剥夺宝宝的善良本性**。当宝宝与小朋友发生争执时，不要对宝宝这样灌输：打不过你就咬他、抓他、踢他，咱们不能吃亏。更不能出于袒护孩子的心理，领着宝宝找对方家长讨说法，这会给宝宝树立反面榜样。而是应耐心地给宝宝讲道理，劝解孩子不能有打架斗狠的心理，要讲友爱、无私等。

●**及时给予鼓励**。爸妈要做个有心人，在日常生活中注意观察宝宝的表现，一旦发现他们的友善行为，如将自己的玩具递给小朋友，给正在看报的爷爷拿来老花镜等，要及时地给予亲吻、拥抱或赞扬，以强化宝宝的这种爱的举动。受到鼓励的宝宝以后自然会更加积极地做出善举。

●**让宝宝与小动物相处**。宝宝天生喜欢小动物，并有保护动物的倾向，在保证宝宝安全的前提条件下，不妨为宝宝领养一只小动物，让宝宝每天给小动物喂食，观察小动物是否饿了、冷了、不舒服了。宝宝会把它当作好朋友一样看待。这既培养了宝宝的观察能力，又培养了他的爱心、同情心和责任感。

●**和睦的家庭**。一个人只有心中有爱，才能将这份爱的种子播撒给更多的人。和睦的家庭对宝宝影响深刻，家人之间要相亲相爱，有不同的意见应心平气和地商量解决，给孩子树立一个好榜样。爸妈还要经常爱抚宝宝，让宝宝感受到爸妈对他的爱和体贴，感受到家庭的温暖和被爱的幸福，这是孩子萌生爱心和善心的起点，为他形成善良品性、奉献爱心打下良好基础。

蒙氏小语♡

儿童天生具有帮助、关爱弱者的本能，他们的这种本能能够促进社会的发展。如果我们能够用平和的心态，客观、耐心地观察儿童的行为，就会发现，他们才是掌握了人性的真谛，只有他们才是按照自然的规律来做事。

学会等待——宝宝耐心的培养

宝宝是最容易没有耐心的，但是失去耐心容易养成偏激的性格。所以，不要放松对宝宝耐心的培养。

🧒 故事的天空

星期天，毛毛家里很热闹，恰巧是爷爷的生日，姑姑一家也来了，小表妹秋秋比毛毛小一岁，却显得比毛毛有耐心，安安静静地坐在那里等着分蛋糕。

毛毛面前盘子里还有一大块蛋糕没有吃完，就迫不及待地嚷着要吃巧克力。他把小手伸到妈妈面前，说："快拿巧克力。"

妈妈说："先吃完蛋糕，巧克力带在路上吃。"

毛毛提高了嗓门："不，现在就要吃。"

妈妈没有办法，只好拿出巧克力给他。毛毛得到巧克力，便一口蛋糕，一口巧克力地吃着。

姑姑笑着说："这小家伙太性急了。"

妈妈无奈地说："没办法，从小就是这个脾气，一点儿耐心也没有。"说完，她羡慕地用手抚摸着毛毛的小表妹，赞着："看秋秋多乖，多有耐心！"

姑姑介绍着经验说："这是从小就对她进行耐心培养的结

果，凡事都慢半拍再满足她，孩子学会了等待，自然就有了耐心。"

妈妈看着急三火四吃东西的儿子，觉得自己从前太惯着他了，只要孩子一开口，就立即满足他，结果惯成了现在这样一个急脾气。看来，得对他进行耐心的训练了。

吕姐爱心课堂

缺乏耐心的宝宝容易急躁，做起事情来也会敷衍或马虎。这可不是一个好习惯，不利于他们的成长。

有耐心，是宝宝需要学习的一项重要的社交技能，对他们日后自身心理发展和整体素质的提高有着重要作用。蒙台梭利很重视孩子耐心的培养，在儿童之家里，每种教具只提供一个，谁要想使用，就必须等别人使用完放回去，孩子因此便学会等待和重复别人的工作。这样日复一日地等待机会，逐渐成为他们的生活习惯，会使他们形成有耐心的优秀品质。有了耐心之后，更多其他的优秀品质也就自然而然形成了。

由于宝宝天性好动，耐心的培养对爸妈也是一个考验。如果爸妈是一个没有耐心的人，孩子也不容易养成有耐心的好习惯。从儿童心理发展的角度来看，耐心与他们的注意力有很大关系。由于身心发展水平的限制，幼小的宝宝还不善于控制自己的注意力，加上其注意力的稳定性本来较差，易分心等，使注意力不易集中，不易于耐心的培养。

正因为如此，爸妈首先要有耐心去引导宝宝，培养他们的耐心。习惯成自然，习惯了在期待中获得满足的孩子，就能学会主动控制自己的情绪，不会为自己的要求被拒绝或暂时被拒绝而大为光火，将来也能够抵挡得住眼前小利的诱惑，权衡怎样做能使自己获得更大的利益，并有意识地调节和支配自己的言行。

蒙氏支招DIY

如今的独生子女家庭，缺乏耐心的宝宝有很多，这和爸妈的教养方式有关。为了使宝宝成为一个有耐心的人，爸妈在日常生活中，要处处加以引导。

●**让宝宝学会等待**。学会等待是培养宝宝耐心的重要方式之一，对于迫不及待地想得到东西的宝宝，不妨慢半拍满足他，如刚买回来西瓜，对宝宝说，咱们讲完一个故事再切西瓜。这会让宝宝明白，只有等待才可以得到自己想要的东西。久而久之，宝宝的耐心也就逐渐形成了。

●**别打扰宝宝的兴趣**。宝宝一般注意力集中的时间短，但对他感兴趣的事，通常能较长时间集中注意力，所以，当宝宝对某种事物感兴趣的时候，不要打断他，这有利于他们自发养成有耐心的好习惯。如宝宝听故事时，家人尽量少走动，以免分散他们的注意力。宝宝正在专心做事，应为他们营造一个安静的环境。这都有助于宝宝耐心的培养。

●**通过集体游戏培养耐心。**宝宝在团体游戏中，更容易养成遵守规则的习惯。爸妈不妨多为宝宝创造与小朋友进行团体游戏的机会。在游戏等待的过程中，让宝宝学会轮流和等待，锻炼宝宝的耐性和团结协作精神。

●**多做一些培养耐心的游戏。**利用宝宝喜欢动手的心理，爸妈刻意陪同宝宝做一些折纸、剪纸、积木、拼图等游戏，这既锻炼了宝宝的手眼协调能力，又有助于他们耐心的培养。

●**给宝宝提供玩具不可过多。**给宝宝的玩具一次不要过多过杂，最好一次只给一件。否则，宝宝一会儿玩这个，一会儿动那个，不利于耐心的培养。要根据宝宝的年龄来提供相应的玩具，难易程度也应适宜，太容易的玩具，宝宝玩过几次就没有兴趣了，而难度过大，宝宝试过几次，没有成功，也就会失去耐心。

●**过度疲劳不可取。**宝宝神经系统的耐受力较差，长时间处于紧张状态或从事单调活动，容易引起疲劳，使注意力涣散。当发现宝宝疲劳时，要让宝宝及时休息，以免使他们产生烦躁情绪，不利于耐心的培养。

蒙氏小语♡

　　让孩子学会等待，并逐渐成为他们的生活习惯，会使他们形成有耐心的优秀品质。儿童具有了耐心，才有可能形成更多其他的优秀品质。

能力，宝宝成功的基石

儿童对能力的获取充满了渴求，这种感觉给他带来了无限的快乐，从而激起他巨大的学习热情。

——蒙台梭利

阅读时间：25 分钟　　　受益指数：★★★★

别打扰孩子的兴趣——注意力的培养

没有人愿意在专心做事情的时候被打扰，宝宝更是如此。他们本来就没有长性去做事，一旦注意力被分散，雅兴被破坏，便很难再有坚持性了。

故事的天空

3岁的珍珍正在全神贯注地玩积木，她的玩法比较特别，是把一个圆柱体积木往一个玻璃瓶里装。由于瓶口的限制，粗些的柱体积木放不进去，可是她坚持做着努力，经过一番周折，她对比着、观察着，终于得出粗过瓶口的柱体积木放不进去。瓶子里装的都是细于瓶口的积木。

就是这样一个认知过程，她重复地做了不下三十遍。一切过程看上去缓慢而有节奏。她每完成一个动作的时候，脸上总是不自觉地微笑着，一点儿也不感到枯燥。

珍珍能够有一个不被打扰的环境，让她安心地做事，与妈妈的支持是分不开的。在珍珍很小的时候，妈妈就注重给她提供一个安静不被打扰的环境。有的时候，她非常想到外面去，可是一看到孩子在专心玩玩具，就尽量不过去打扰她，耐心地等她玩够了，才带孩子出去转。

有人说，珍珍是女孩儿，自然在性格上就比较文静。其实，珍珍也很活泼，喜欢蹦蹦跳跳，到处寻幽探奇。只是当她专注做某一件事时，能够坐得住，不气馁，不动摇，直至做完才肯起身。

蒙台梭利说："如果儿童的注意力集中于某件事情，他会十分快乐，这时，他忘记了周围的一切，全身心投入到自己的工作中，儿童暂时与外界隔离开来，集中注意力完成自己的工作，对他形成平静而又坚毅的性格很有帮助。"当宝宝在专心做自己的事情时，尽量不要打扰他们，因为这种兴趣的出现，表明他们的内在能力开始发展，会使他们接触很多东西，从中学到一些新的行为方式。

宝宝专心做事时，会从中获得自我牺牲、工作规律、服从意识、爱心等多种优秀品质。但这种能力的萌发极为脆弱，任何微小的干扰都可能会对他产生不利影响。或许只是爸妈出于关心的问候，或许只是一句"太棒了"的赞许，甚至或许只是一个眼神，都有可能会把他们做事的兴趣破坏殆尽。

许多爸妈看见宝宝做事动作笨拙，就产生过去指导或帮助的想法。可是，当走过去帮忙时，宝宝很可能会甩手走开，丢下这件事情不管了。因为他的注意力和兴趣被外来干扰打乱了。宝宝做事的兴趣不仅在于动手，还在于从反复揣摩中得到乐趣，如果爸妈加以干涉，他们的注意力无法集中，也就不再对这件事情感兴趣。长此以往，容易使他们养成做事三心二意的坏习惯，从而影响到孩子今后的发展。

不要轻易打扰孩子的兴趣，是爸妈务必要谨记的。不仅如此，还要给他们创设一个良好的安静环境，让他们集中精力去做事情，为养成良好的注意力打下基础。

●**给宝宝一个不受打扰的空间**。在较封闭的区域里，有助于宝宝注意力的集中。因此，让宝宝拥有一个相对封闭的自由活动的空间十分必要。如单独的小房间，家里的某一个安静角落，都能给宝宝一个活动自由、不受外界打扰的场地，能够帮助他们集中注意力去做自己喜欢的事情。

●**不要轻易打扰宝宝**。当宝宝专心做一件事时，不要总过去打扰他，应当让他安静地"工作"。如宝宝在玩拼图，妈妈不要一会儿问他渴不渴，喝不喝水，一会儿又叫他吃水果等，尽量减少人为干扰来分散他的注意力。

●**别让太多的玩具分散了宝宝的注意力**。宝宝在玩玩具时，不要给他提供太多的玩具，以免产生不良刺激。如宝宝正在玩小汽车，就不要在他身旁放其他玩具。否则，宝宝手里玩着小汽车，眼睛又会盯上其他的玩具，这就分散了他的注意力。

●**过多的语言刺激不可取**。当宝宝接触一个新玩具，他会很好奇地研究一番，这时爸妈千万不要喋喋不休地讲解玩法或用语言多次提醒注意安全等。这会影响宝宝初步的思维能力，造成注意力的分散。

蒙氏小语 ♡

　　当宝宝在专心做自己的事情时，尽量不要打扰他们，因为这种兴趣的出现，表明他们的内在能力开始发展。但这种能力的萌发极为脆弱，任何微小的干扰都可能会对他产生不利影响。就如同一个美丽的肥皂泡，细微的干扰都会使之破灭。

安静练习——提高宝宝的意志力

意志的发展是一个缓慢的过程，是通过与环境有关的持续活动逐渐发展起来。不干扰孩子的发展，并对其进行必要的保护和指导，才能帮助他们形成良好的意志力。

👶 故事的天空

5岁的安安和爸爸玩木头人的游戏，两个人面对面坐在那里，眼睛对视着，看谁能身体不摇晃，也不说话。结果，安安大获全胜，其记录是28秒，这是妈妈做的记录。

爸妈之所以安排这样的游戏，目的就是要提高孩子的意志力。因为在幼儿园里，他的意志力是最差的，总是第一个产生"动摇"的小朋友。

木头人游戏结束后，"不服输"的爸爸开始和儿子比站军姿。两个人面对面站在那里，挺胸收腹，目不斜视。时间一秒秒过去了，体态过胖的爸爸终于坚持不住，举手投降表示认输。

安安拍着小手高兴地庆贺着胜利，妈妈也趁机

夸奖儿子："意志顽强，真棒！"

安安偷偷在家里进行着练习，进步一天比一天大。在幼儿园里他再也不是第一个"动摇者"了，受到老师表扬的次数也越来越多。

吕姐爱心课堂

意志力是影响宝宝日后成功的一种重要的心理素质。意志力强的孩子往往目标专一，能持之以恒，不被面前的困难所吓倒，表现出有更强的自控能力和面对困难百折不挠的毅力。

刚出生的小宝宝是没有意志力的，意志的发展是一个缓慢的过程，它是通过与环境有关的持续活动逐渐发展起来的。蒙台梭利根据自己的观察，将儿童的意志形成分为三个阶段。当小宝宝一旦有意地、自觉地做出某个动作时，意志就开始发展，此时他的动作杂乱无章、难以自控。在不断的反复练习中，儿童由最初的本能冲动演变成为有意识的、随意的活动，意志发展就进入第二阶段——自发地选择自我训练的生活方式。在这个阶段，他们会表现出自由、自知和自我克制，会创造性地运用自己的能力，为自己的行为负责，能够遵循现实环境的限制，遵守实际生活中的种种规则，开始成为自己的主人。由于内部意志的形成，他们控制自己的能力增强，儿童开始遵守纪律。这种纪律建立之后，儿童便进入意志发展的第三阶段。只有前两个阶段在自由有序的环境中完整地度过，才能使其顺理成章地达到第三阶段成为可能。

对于宝宝来说，他们的心理还处于萌芽阶段，还没有很好地将"冲动"和"抑制"这两种截然不同的行动融合成为一体。也就是说，他们的意志仍然不能控制自己，只是在潜意识里起支持作用。所以，他们主动去触摸东西，去熟悉周边的事物，这种自发的活动就是意志力发展的过程。他们通过认识事物的过程，来不断地学会抑制冲动，从而产生意志力。

意志力在形成和发展过程中是极其脆弱的，很容易被人为地摧毁，因而一定要给予宝宝充分的关注与呵护。许多宝宝之所以意志力不强，与爸妈的错误引导和溺爱有关。如当宝宝想触摸一下所感兴趣的物体时，爸妈的一句"别碰"就打消了宝宝的探索欲望；当宝宝为了走得平稳而到处跑时，爸妈怕孩子摔跤，大声地喊"别跑"，这无异于把他们即将发展的意志力扼杀在摇篮里，宝宝怎么能去进一步发展意志力呢？

宝宝的意志力来之不易，孩子只有通过自我教育的过程，才能将复杂的比较、判断的内心活动付诸行动。当孩子在集中注意力做事时，爸妈不要随意去打断，要顾及孩子心理的需要，给他们实践的机会。蒙台梭利指出：用成人的意志代替儿童的意志，不让孩子动，即使让他动也是替孩子做主选择，使孩子失掉了意志锻炼的机会。

坚强的意志力能帮助宝宝把握日常生活中碰到的所有事情，对于那些渴望得到的东西，他们能自己做出取舍决定，从而逐步走向成熟和独立。

● **一个自由、稳定的环境很重要。** 当宝宝进入到适合于他的自由的环境里，他就具备了在这样的环境中按自己的兴趣选择事物的权利。自由选择是意志力形成的最关键的一点，由于他实践了自己的决定，他的内在就开始形成和发展出了一种力量，这正是意志逐渐形成的过程。所以，不要强迫宝宝放弃自己喜欢的活动，如果宝宝的一天总是在执行着爸妈的决定，他的意志力就被闲置了起来，容易使孩子丧失形成意志力的机会。

● **良好的专注力有助于增强意志力。** 意志力的培养，与宝宝专注于某件事情的时间长短密切相关。在宝宝做一件事情时，是三分钟热度，还是能较长时间高度精力集中，可体现出其意志力的强或弱。通过培养宝宝的专注力，非常有助于增强他们的意志力。宝宝专注做事情的时间越长，就会对自己的愿望实现越有信心，从而客观上增强了意志力。

● **让宝宝自己做事，不要包办替代。** 意志体现在行动中，孩子经常做事情，才能有机会锻炼意志力。所以，宝宝在做事情时，爸妈尽量不要包办代替。即使宝宝在经历着一次次的失败，也不要插手。每一次经受挫折，都是对他意志力进行培养的好机会。正是在克服这些困难的过程中，使宝宝的意志得到锻炼，克服困难的勇气和信心也就随之增强。

● **利用游戏锻炼宝宝的意志力。** 坚强的意志力也可以通过训练获得，许多游戏都能达到锻炼孩子意志力的目的。如玩木头人游戏，木头人是不能说话，也不能动的，这就使孩子的自我控制能力得到增强。还有诸如在安静的氛围中，让宝宝不发出任何声音地走路、做动作等，都能起到很好的锻炼作用。

蒙氏小语♡

儿童意志的发展是一个缓慢的过程，它是通过与环境有关的持续活动逐渐发展起来的。如果儿童从事的活动与意志发展的道路相吻合，他们就能自发地从事有利于生命和意志发展的活动，发展自己的力量。

错误也美丽——培养宝宝自行纠错能力

出现错误不可怕，让宝宝在失败中懂得自行纠错，才能更好地避免错误的发生。

🧒 故事的天空

4岁的笑笑最热衷和爸妈玩纠错的游戏，这成了她每天必须进行的"功课"。从最初的一点儿错误发现不了，到现在能很快发现"问题"，得益于这种游戏。

早晨一起来，笑笑跑进洗漱间，她发现放在一排的三个牙缸，爸爸的牙刷大头冲下放在牙缸里，而她和妈妈的都没有放颠倒。她端着爸爸的牙缸来到客厅，对正在看早间新闻的爸爸指出错误。

爸爸挠着头发，嘿嘿笑着表示是自己疏忽大意了，并当着女儿的面儿，把牙刷重新放好。笑笑这才转身把牙缸放回原处，开始用自己的小牙刷认真刷起牙来。

早餐端上来了，笑笑又发现了问题，妈妈的一双筷子不是一对儿，一只是黑色的，一只是红色的。

笑笑总是给家人纠错，她自己也有犯错的时候。她要求爸爸把茶杯盖上盖儿再喝茶，爸爸曾现出一脸的苦相，并没有说什么。笑笑盯着茶杯看了一会儿，

自己也笑了，赶紧一吐舌头，重新要求爸爸，喝茶时把盖子掀开再喝。这回爸爸脸上现出了笑容。

为了让女儿及时发现错误，爸妈经常在生活中安排一些显而易见的错误，促使笑笑检视自己的行为，养成仔细思考的好习惯。

🧑 吕姐爱心课堂

每一个人都有犯错误的时候，几岁的孩子更是如此。出现错误，能自己及时发现，并加以改正错误，才是孩子成长的方式，也是成人继续进步的方式。

蒙台梭利认为："改正错误并不是最重要的，我们首先应当认识到自己的错误。每个人都应当检讨自己，检讨自己所做的事情正确与否。我们应当知道自己所做的事情是正确的还是错误的，前提是我们不要过于重视自己所犯的错误，而应当对自己所犯的错误感兴趣。"对于孩子来说更是如此，爸妈要引导孩子发现错误，只有这样才能改正错误。

蒙台梭利从不提倡成人直接去告诉孩子他哪里错了，她倡导以情境或环境、材料来引起孩子思考，自己发现问题，并且自我纠错。在不断改正错误的过程中，渐渐地让自己越来越完美。错误，对孩子而言，成了一件有趣的事情。发现错误，改正错误就会成为孩子的兴趣所在。

失败是成功之母，错误在孩子成长的过程中发挥着重要作用，他们正是通过改正一个又一个错误得以成长和进步的。孩子完善自己的渴望很强烈，爸妈要及时为他们提供训练的工具和环境，让孩子更多地去发现自己的错误，并及时加以改正，使孩子养成主动纠错的好习惯。错误并没有想象中那样可怕，正是由于错误的存在，孩子才变得越来越熟练，在做事情的时候才变得越来越准确无误。

一个孩子能否在成长过程中逐渐变得优秀，主要由其自身改正错误的能力决定。如果缺乏改正错误的能力，他将很容易变得自卑和软弱。当孩子在体验错误的过程中意识到自己的错误，并且能够通过自己的努力想方设法避免错误，找到正确解决问题的方法，那么他在这个过程中获得的快乐是通过其他方式所无法得到的。

🐼 蒙氏支招DIY

当孩子有了错误时，惩罚不会提高他的能力，训斥也不是办法。孩子能否自己发现错误，并及时进行纠错，只有通过长时间的主动练习和获取经验才能获得。因此，爸妈在日常生活当中要为他们提供更多的实践机会，让宝宝能够发现错误，养成自行纠错的好习惯。

●**给宝宝感受错误的机会。**在宝宝成长过程中，会有许多犯错误的时候。当然，他们所犯错误并不严重，有些甚至十分幼稚可笑。孩子就是孩子，在爸妈的眼里，他的错误是那么显而易见，那么令人无法容忍。但对于宝宝来说，他并不是明知故犯，而是缺少生活经验造成的。只要宝宝的错误不会构成任何致命的伤害，就不要去批评他，给他一个感受错误的机会，让他自己去体验错误也是一种生活历练。

●**营造自行纠错的环境。**在日常生活中经常安排一些显而易见的错误，有意识地设置一些错误情境，锻炼孩子识别错误的能力。如鞋子故意颠倒摆放，两只不同的袜子放在一处，在本该放玩具小汽车的盒子里，放进去一个皮球等。

●**在反复练习中纠错。**要想孩子改掉错误，最好的办法就是让他在做事中反复练习，从中得出成熟的经验。只有这样，他们才能少犯错，并懂得如何纠错。所以，不要怕宝宝犯错，让他在感受错误的过程中得出正确达成某一目标的方式方法。

●**让宝宝自发地纠错。**对宝宝要充分地信任，给他多一点自由，让他自己去探索，自己去总结。爸妈没必要干预宝宝，让他专注于自己要做的事，并让事情自然的结果来告诉宝宝对与错，让结果本身对他进行奖励或者惩罚。当宝宝感受到这些错误可能带给他的自然后果时，就会很快明白自己应该怎么做。爸妈所要做的是，在一旁观察孩子如何处理自己得到的结果，并在孩子请求帮助的情况下给予必要的指导。如果孩子没有表示需要帮助，就继续观察下去。

蒙氏小语 ♡

　　错误在孩子成长的过程中发挥着重要作用，他们正是通过改正一个又一个错误得以成长和进步的。一个孩子能否在成长过程中逐渐变得优秀，主要由其自身改正错误的能力决定。如果成人总是尝试代替孩子改正错误，将剥夺和破坏孩子自身的修正能力。

不要急于插手，让孩子自己解决问题

宝宝虽小，智商可不低。他们在社会交往中虽然容易与其他小朋友发生争端，但也能用他们自己独特的方法自己解决问题。

故事的天空

俊俊和瑶瑶是好朋友，他们住在同一栋楼里，上同一所幼儿园，而且还是同班同学。每天从幼儿园回来的路上，两个小伙伴都要在一起玩上一阵子。

一天，他们路过一个建筑工地，建筑用的沙子就卸在路边，两个小家伙止住了脚步，对身后的妈妈们请求玩一会儿。两个妈妈嘱咐一句注意安全的话后，就站在一边交流着使用化妆品的经验来。

俊俊在沙堆上掏了一个洞，说是小鸟的巢穴，瑶瑶拿一块拳头大的石头说这是小鸟，让小鸟住进去吧。俊俊怕石头把洞洞弄塌，阻止着瑶瑶。在你推我进的过程中，一不小心真的把洞洞弄塌了，两个小家伙吵了起来，各说各的理儿。

孩子的大声吵闹惊动了两个正聊得投机的妈妈，她们赶紧终止话题，纷纷把目光投向吵得激烈的孩子那里。

两个妈妈见没有动手打架，就互相对视了一下，心有灵犀地笑笑，继续聊着她们感兴趣的话题。

过了一会儿，两个孩子也不吵了，他们竟然合作起来，共同在掏洞洞，一个在这边，一个在那边，最后会合贯通时，他们又不约而同地噢噢喊叫着，庆贺着胜利会师。

吕姐爱心课堂

蒙台梭利说："当儿童发生冲突时，只要没有发生什么特殊情况，成人就不要轻易介入，最好让他们自己解决问题。"其实，孩子们之间的事情，无须成人插手，成年人的干涉只有负面作用。

孩子之间发生冲突，没有什么大不了的事情，他们之间出现了争吵或抢夺并不可怕，闹不到不可调和的地步。爸妈要多一分耐心，多一点等待，多给孩子一点解决问题的空间。这样一来，不但可以培养他们独立解决问题的能力和责任感，还可以使孩子获得成功感和满足感。俊俊和瑶瑶最后不是不计前嫌和好了嘛，这就是孩子，他们的思维方式与成人不一样，他们有自己解决问题的方式和方法，爸妈没必要过于担心。

在现实生活中，很多爸妈觉得孩子还小，没有解决问题的能力，只有爸妈来帮助解决，孩子才不会有烦恼。这种做法看似是爱孩子，帮他们消除了烦恼。殊不知，孩子由于缺乏自我解决问题的能力，一遇到问题，他就会想到求助，而不是自己去独立面对。若没有人帮他，就会陷入无助、恐慌的状态中。爸妈在帮助孩子解决问题的同时，也剥夺了他们获取社会经验的机会，使他们错失了发展自己的良机，并逐渐养成依赖的坏习惯。

不要小瞧孩子处理问题的能力，即使是很小的宝宝，也会运用一些策略和办法来解决问题的。爸妈最好不要包办代替，不要在孩子不需要的时候擅自帮助或替孩子做决定，而是应给予他们足够的机会、适当的鼓励和具体的指导，给孩子上好成长过程中这不可或缺的一课。

蒙氏支招DIY

在生活中，孩子总会遇到这样或那样的问题，不可避免地与人产生各种各样的矛盾。因此，爸妈从小就应该帮助孩子建立独立解决问题的意识，培养他们独立思考、解决问题的能力，这对孩子的长远发展有着重要影响。

●**相信孩子有解决问题的能力**。有的爸妈总是认为孩子年龄小，不具备解决问题的能力。这是认识上的误区，孩子也有他们解决问题的方式。爸妈最好不要包办代替，要相信孩子，让他们学着自己解决纠纷。

●**多给孩子解决问题的机会**。孩子解决问题的能力大小，与他们的实践机会多少成正比。当孩子与人发生冲突的时候不要急于干涉，给孩子自由思考和自己解决的机会，让孩子大胆去尝试。

● **创设生活情境，提高解决问题的能力。** 为了提高孩子解决问题的能力，爸妈可以有意识地为孩子创设自我解决问题的机会和条件，让孩子解决生活中的问题。如让孩子去倒垃圾、去给别人送东西、来了客人让他接待等，让孩子从中增长应对现实生活的能力。通过自己的经历和实践，学会自己解决问题。

● **激发孩子思考、解决问题的方法。** 平时，可以经常对孩子提出一些问题，激发他们去思考多种解决问题的方法。鼓励孩子把他能想到的方法都说出来，无论他的想法多么荒诞、愚蠢，都不要取笑他。然后，和孩子一起讨论这些方法的可行性。经常和孩子做这种游戏，当他们面对问题时，就可以想出尽可能多的解决办法。这样，更有利于他们灵活机智、更有创造性地解决问题。

蒙氏小语 ♡

当儿童发生冲突时，只要没有发生什么特殊情况，成人就不要轻易介入，最好让他们自己解决问题。成人的包办和代替，不仅会剥夺儿童获取社会经验的机会、减弱他们解决问题的能力，还会使他们逐渐养成依赖的坏习惯。

爱孩子就给他自由

非常感谢蒙台梭利，是她点燃了我心中的激情，使我更加坚定地把蒙台梭利的教育理念介绍给更多的妈妈。作为一个母亲，孩子就是她的希望，如何教育好孩子，使他们茁壮成长，是义不容辞的使命。

相信，许多年轻的妈妈同我当年一样，对难缠的小人儿有太多的困惑与苦恼。是啊，别看孩子小，心机可不少，给你带来幸福的同时，也给你带来不少的麻烦。幸好有了蒙台梭利，才使我能从容应对，与宝贝和谐相处，顺利同他一起走过懵懵懂懂的童年岁月。

蒙台梭利是在教我们如何爱孩子，而不是如何约束孩子、管教孩子。我非常钦佩她"给孩子自由"的观点，如果不是做了母亲，不是与孩子一起面对生活的磕磕绊绊，还真不会有太深的体会。在生活当中，经常看到爸爸或妈妈训斥孩子，甚至打骂孩子，严厉地要求他们按大人的意愿去做，否则就认为他们不是好孩子。

其实，孩子没有好坏之分，他们都是小天使。反之，在孩子心里，会有好爸爸妈妈或坏爸爸妈妈之分。他们比较直观，评价标准就是爸爸妈妈的态度。

爱孩子就应该给他们自由。成人世界的规则不适合孩子，他们没有义务去"被成长"，率真远比"小大人"更可爱，更利于他们成长。人生的每一步都很精彩，越过任何一个步骤，都是一种遗憾。顺应孩子天性的发展，他们自然会一步不落地完成好自己的成长任务。所以，爸爸妈妈的任务就是引导、监护，而不是代劳。凡是孩子自己能完成的事情，就由他们自己去做，欣赏他们"笨拙的表演"，也是一种享受。

本书的问世，一定能帮助许多年轻爸爸妈妈解决心中诸多的"疑难问题"，带孩子虽然很麻烦，但也是有规律可循的，只要掌握这些基本规律，每一个年轻爸爸或妈妈都会轻松胜任，甚至在陪伴孩子一路走来的同时，把自己也"逼"成了专家。

蒙台梭利告诉我们，爱孩子就给他自由，一切都能在爱中找到答案！